독자의 1초를 아껴주는 정성!

세상이 아무리 바쁘게 돌아가더라도

책까지 아무렇게나 빨리 만

인

오래 익힌 술이

길

가장 쉽게, 가   게울 수 있는 책을

한 권 한 권 정성을 다해 만들겠습니다.

독자의 1초를 아껴주는

정성을 만나보십시오.

미리 책을 읽고 따라해본 2만 베타테스터 여러분과
무따기 체험단, 길벗스쿨 엄마 2% 기획단,
시나공 평가단, 토익 배틀, 대학생 기자단까지!
믿을 수 있는 책을 함께 만들어주신 독자 여러분께 감사드립니다.

(주)도서출판 길벗 www.gilbut.co.kr
길벗 이지톡 www.gilbut.co.kr
길벗스쿨 www.gilbutschool.co.kr

골드 버튼부터 계정 해지까지

유튜브, 성공했다
망했습니다

토이위자드 채널 크리에이터
김은선 지음

길벗

유튜브, 성공했다 망했습니다

초판 1쇄 발행 · 2021년 2월 2일

지은이 · 김은선
발행인 · 이종원
발행처 · (주)도서출판 길벗
출판사 등록일 · 1990년 12월 24일
주소 · 서울시 마포구 월드컵로 10길 56(서교동)
대표 전화 · 02)332-0931 | **팩스** · 02)323-0586
홈페이지 · www.gilbut.co.kr | **이메일** · gilbut@gilbut.co.kr

기획 및 책임편집 · 박슬기(sul3560@gilbut.co.kr) | **디자인** · 황애라 | **제작** · 이준호, 손일순, 이진혁
영업마케팅 · 임태호, 전선하, 차명환 | **웹마케팅** · 조승모, 지하영 | **영업관리** · 김명자 | **독자지원** · 송혜란, 윤정아

편집진행 · 안종군 | **전산편집** · 김정미 | **CTP 출력 및 인쇄** · 두경M&P | **제본** · 경문제책

ISBN 979-11-6521-441-8 03320
(길벗도서번호 007105)

정가 14,000원

독자의 1초를 아껴주는 정성 길벗출판사

길벗 | IT실용서, IT/일반 수험서, IT전문서, 경제실용서, 취미실용서, 건강실용서, 자녀교육서
더퀘스트 | 인문교양서, 비즈니스서
길벗이지톡 | 어학단행본, 어학수험서
길벗스쿨 | 국어학습서, 수학학습서, 유아학습서, 어학학습서, 어린이교양서, 교과서

페이스북 · www.facebook.com/gilbutzigy
네이버 포스트 · post.naver.com/gilbutzigy

유튜브 크리에이터를 꿈꾸는 You(당신)를 응원합니다.

요즘 성공한 1인 크리에이터들이 점점 많아지고 있습니다.
그들은 "당신도 할 수 있어요", "망설이지 말고 도전해보세요!"라고 말하죠.
그러나 막상 시작하려고 하면 엄두가 나질 않습니다.

귀찮음을 무릅쓰고 여러 튜토리얼 서적을 보며 따라 해보지만,
이걸 따라 한다고 해서 '내가 유튜버로 자리잡을 수 있을까?'라는
의구심은 머릿속을 떠나질 않습니다.

저 역시 이런 과정을 거쳤습니다.
처음 유튜브를 시작할 때 너무나 많은 시행착오를 겪었습니다.
다시는 유튜브를 시작하고 싶지 않을 만큼 말이죠.

그때 저는 '누가 유튜버로 채널을 키워갔던 과정을
옆에서 지켜볼 수 있다면 얼마나 좋을까?'라는 생각을 했습니다.

"원래 그런 거야.", "이런 방식으로 해보는 건 어때?"라는
이야기를 들을 수 있다면 힘이 날 것만 같았죠.
그래서 유튜브와 고군분투하고 있을 누군가에게
반드시 제 경험을 공유해야겠다고 생각했습니다.

감사하게도 200만 구독자까지 보유했던 채널이 한방에 망하면서
여러분께 제 이야기를 들려드릴 수 있는 기회(?)가 생겼습니다.
그 누구도 쉽게 말하기 힘든, 유튜브의 리얼 스토리를 지금 시작합니다.

"돈이 없어서 졌다. 과외를 받을 수 없어서 대학을 못 갔다. 몸이 아파서 졌다. 모두가 같은 환경일 수 없고 각자 가진 무기로 싸우는 건데, 핑계를 대기 시작하면 똑같은 상황에서 또 지게 됩니다."

SBS 〈스토브리그〉라는 드라마에서 만년 꼴찌팀에 새로 부임한 단장은 팀원들에게 이렇게 일갈합니다. 실패에 익숙해져 핑계만 대다 보면 상황을 절대 바꿀 수 없다는 말이죠. 그렇다고 해도 저보고 꼴찌팀의 단장이 돼 우승팀을 만들라고 한다면 저 역시 핑계를 댈 수밖에 없을 것 같습니다. 야구 경기에서 우승에 불리하게 세팅된 조건을 개인이 바꾸긴 쉽지 않으니까요.

하지만 이런 핑계가 통하지 않는 곳이 있습니다. 바로 '유튜브'입니다. 저는 유튜브가 '각자가 가진 무기를 갖고 싸우기'에 가장 평등한 플랫폼이라 생각합니다. 흔히 외모가 훌륭하고 말을 재밌게 해야 유튜브에서 성공한다고 생각합니다. 하지만 유튜브라는 플랫폼에서는 획일화된 기준을 강요하지 않습니다. 각자가 가진 무기 하나만 잘 어필한 콘텐츠, 그런 콘텐츠들이 모여 지금의 유튜브 생태계를 만들었으니까요.

저 역시 한정된 재능과 자원 속에서 저의 무기가 무엇인지 테스트하는 과정을 거쳤고, 그 과정을 최대한 솔직하게 담아내려고 노력했습니다.

그런데 이 책을 읽으면서 '이 사람은 유튜브하기 좋은 조건을 갖췄네! 그런데 나는 ○○하기 때문에 할 수 없어.'라고 생각하는 분도 분명 있을 것입니다. 사람들은 세상의 좋은 조건을 갖고 태어날 수도 없고, 모든 지식을 갖출 수도 없으며, 모든 경험을 해볼 수도 없습니다. 하지만 이 모든 것은 유튜브 콘텐츠가 될 수 있죠. 그렇기에 여러분 역시 '유튜브하기 좋은 조건'을 이미 갖고 있다고 할 수 있습니다.

구독자가 몇백 만이고, 한 달 수입이 몇천 만 원이라는 것은 이 책의 본질이 아닙니다. 저는 어떤 성취든 그 크기와 상관없이 박수를 받아야 한다고 생각합니다. 사실 성공의 크기는 운에 많이 좌우되니까요. 여러분들이 제가 어떤 상황에서 무슨 생각을 하고 어떤 선택을 했는지, 그에 따른 선택의 결과가 어땠는지 살펴보셨으면 합니다. 단순히 읽어보는 것에 그치지 않고, 여러분의 삶에 비춰보고 응용해야 이 책이 비로소 의미를 갖게 될 것이라 생각합니다.

본문에서는 편의상 저의 경험을 축약해서 표현했지만, 이 글의 행간에는 가족과 직원들의 깊은 헌신이 숨어 있음을 밝힙니다. 마지막으로 책이 세상에 나올 수 있을 때까지 많은 지원을 해주신 분들께 감사드립니다.

2021년 2월

김은선

유튜버!
그게 뭐야?

나는 과연 유튜브 크리에이터가 될 수 있을까? 유튜브로 성공의 단맛부터 실패의 쓴맛까지 모두 겪어본 저자가 최대한 솔직하게 유튜버라는 직업에 대해 이야기해 보고자 합니다.

자,
이제
시작이다

나도 어엿한
1인
크리에이터!

왜 조회 수가 늘지 않을까?

유튜브의 수명은 언제까지일까?

유튜버!
그게 뭐야?

'0에서 1을 만들어내는 것'이 세상에서 가장 재미있었던 철없던 20대! 그 길을 찾기 위해 뛰어든 바깥세상은 생각보다 고단하고 험난하기만 했습니다. 대학을 졸업한 후 3~4년의 시간 동안 많은 직업을 표류하던 끝에 도착한 '유튜버'라는 직업. 유튜버를 꿈꾸기는커녕 평소 유튜브를 잘 보지도 않고 살았던 제가 어쩌다 전업 유튜버가 됐을까요? 평범한 사람인 저의 조금은 '특별한' 선택에 대한 이야기를 들려드릴게요!

언론고시생의 뇌 구조
뭔가 만드는 일을 하고 싶었던 나는 20대에 많은 방황을
했다. 유튜버가 되기 전 마지막 직업(?)은 언론고시생!

고삐 풀린 망아지 같았던
나의 20대

현실에 눈을 뜨다 "뭣이 중헌디?"

저의 고향은 전라도 곡성이에요. 제 아버지는 이 곳에서 평생 수박 농사를 지으셨어요. 이른 아침부터 해가 질 때까지 열심히 일하셨지만,

영화 〈곡성〉 패러디

🧑 **유튜버's Talk** ‥‥‥‥

이 말을 듣고 영화 〈곡성〉을 떠올리셨다면 여러분이 생각하는 곳이 맞습니다.

‥‥‥‥‥‥‥‥‥‥‥

막내딸을 5만 원짜리 수학 단과 학원에 보내는 것조차 부담스러워하셨지요.

어느 무더운 여름날, 저는 수박이 출하될 때마다 우리 집을 찾아오는 아버지 친구분(농산물 도매상)을 처음 만나게 됐어요. 아버지는 그를 '황소 아저씨'라고 불렀지요. 깔끔한 옷을 입고 멋진 승용차를 몰고 다니던 그 아저씨는 제가 본 사람 중에 제일 멋있어 보였어요. 심지어 하는 일도 (어린 제가 보기엔) 무척 편해 보였지요. 그 아저씨를 보면서 저는 '세상은 흘린 땀만큼 보상해주는 게 아니구나.'라는 생각을 하게 됐어요. 남들이 1년 내내 고생해서 재배한 수박을 대수롭지 않게 생각하며 가격을 흥정하는 그 아저씨에 비해 한 푼이라도 더 받으려고 애쓰시는 아버지의 모습이 안타깝게 느껴졌지요.

적어도 제 주변 사람은 밤낮을 가리지 않고 열심히 일하며 살고 있었어요. 하지만 누군가는 하는 일에 비해 많은 대가를 받고, 누군가는 그렇지 못했죠. 저는 어린 나이인데도 '돈을 많이 벌려면 똑같은 노력을 해도 좀 더 많은 대가를 받는 일을 해야겠구나.'라는 것을 깨달았어요. 제 아버지가 하시는 일은 많은 대가를 기대하기 힘들었지요. 농삿일을 전보다 더 많이 하는데도 상황은 점점 더 나빠지기만 했으니까요. 저는 이 경험을 계기로 조금이라도 더 대가를 받을 수 있는 일, 돈을 많이 벌 수 있는 분야의 직업을 선택해야겠다고 생각했어요.

저는 중·고등학교 시절을 보내면서 자연스럽게 시장, 사업, 유통에 관심을 갖게 됐고 '이왕이면 더 넓은 세상에서 일해보자.'라는 생각으로 부산대학교 무역학과에 입학했어요. 그리고 이곳에서 제 인생에 많은 영향을 준 친구를 만나게 됐어요.

그 친구는 PPT 강의 파워블로그 〈친절한 혜강씨〉, 대한민국 TOP 크리에이터 〈말이야와 친구들〉의 끼야, 베스트셀러 《유튜브로 돈 벌기》의 저자로 유명한 '이혜강'이에요. 우리는 마케팅 공모전을 준비하는 동아리에서 만나 여러 차례 공모에 도전했지만 대부분 결과가 좋지 않았어요. 하지만 저는 공모전을 준비하면서 아이디어를 콘텐츠로 구현하고, 다른 사람과 공유하고, 피드백받는 과정에 많은 매력을 느꼈어요. 이때부터 막연하게나마 마케팅, 광고, 방송업계에서 일해야겠다는 생각을 하게 됐지요.

대학 시절 공모전 출품작

진로를 고민하고 있던 저에게 주변 사람은 하나같이 "네가 좋아하고 잘하는 일을 해라."라는 말만 되풀이했어요. 이 말은 저에게 지구상에서 가장 풀기 힘든 수학 공식처럼 느껴졌어요. 직접 해보지도 않고, 상상만으로 어떻게 그 일이 나와 맞는지 전혀 알 수 없으니까요.

대학 동기들이 대기업 공채에 합격해 연수원에 들어가 있을 무렵, 저는 우연히 CEO를 인터뷰하는 방송작가 모집 공고를 보게 됐어요. 망설임 없이 지원했죠. '스스로를 큰 세상에 내던져보고 내가 어떤 사람인지, 특정한 상황에서 내가 어떻게 반응하는지 관찰해보자.'라는 생각을 했기 때문이에요. 평생 남들처럼 사는 게 최고인 줄 알았던 제가 태어나서 선택한 일 중 가장 '낭만적인' 선택이었어요.

제가 이런 선택을 하게 된 데에는 두 가지 이유가 있었어요. 첫 번째는 사회생활을 처음 시작하는 시기에 성공한 CEO들을 만나 그들의 이야기를 직접 들어보는 것만으로도 앞으로 인생을 살아가는 데 큰 도움이 될 거라고 생각했어요. 또 대한민국에서 일어나는 이슈를 다루는 방송국에서 일하게 되면 세상에 대한 저의 여러 관심사를 콘텐츠로 풀어낼 수 있을 거라 생각했죠.

그렇게 처음 제가 사회생활을 시작한 곳은 방송국이었어요. 잠깐 경험 삼아 시작한 일이었는데 MBN, KBS, MBC 등의 방송국에서 2년 넘게 프리랜서 방송작가로 일하게 됐어요. 전 국민을 위한 콘텐츠를 만드는 팀의 일원이라는 것만으로도 뿌듯했어요. 주변에서 "다시 태어난다면 어떤 일을 하고 싶으냐?"라고 물으면 "방송작가"라 대답할 정도로 자부심이 대단했지요.

하지만 아이러니하게도 평생 그 일을 하고 싶지는 않았어요. 방송국이라는 '이미 짜여진 판'에서는 제가 할 수 있는, 받을 수 있는 보상의 한계가 명백해 보였어요. 제도권 방송국 내에서 다룰 수 있는 콘텐츠의 영역, 노조가 없는 프리랜서로 일하면서 느끼는 고용의 불안정성, 노동에 비해 터무니 없이 주어지는 보상 등 소위 '답'이 보이지 않았던 것이죠. 어려운 환경

KBS 개표 방송팀에서 일하던 시절

속에서도 말도 안 되게 뛰어난 콘텐츠를 만들어내는 훌륭한 선배, 동료 작가들이 많았는데, 솔직히 말해 저는 그분들보다 잘 해낼 것이라는 자신도 없었고, 오랫동안 버틸 것이라는 확신도 없었어요.

다음으로 도전해본 일은 좀 생뚱맞지만 '사업'이었어요. 제가 많은 CEO를 만나면서 느낀 점은 그들이 원래 특출한 사람들이 아니었다는 것이었어요. 저나 여러분처럼 평범한 사람 중 하나였지만, 남과는 다른 선택을 했기 때문에 성공할 수 있었다는 사실을 깨달은 것이지요. 저도 왠지 사업이란 걸 해낼 수 있을 것만 같은 생각이 들었어요. 또한 사업은 방송국처럼 이미 정해진 시스템 안에서 움직이는 것이 아니라 스스로 새로운 시스템을 만들 수 있다는 것이 엄청난 장점으로 느껴졌지요.

자본이 거의 없어서 중국어를 공부할 겸 중국에서 한식당 프랜차이즈를 시작하시는 분을 도와 현지 매니저를 해보기도 했어요. 사업자등록을 한 후 인터넷 광고를 이용해 화장품을 직접 판매해보기도 했지요. 하지만 이런 일들은 어느 정도 적응되고 나면 같은 패턴의 연속이었어요. 5년 후, 10년 후에도 똑같은 일을 반복하고 있을 거라 생각하니 가슴이 답답했어요. 이에 대한 반작용 때문인지는 몰라도 매번 새로운 것을 만들어내는 콘텐츠에 대한 갈망이 더욱 커졌어요.

인생의 터닝포인트,
언론 고시!

**1인 미디어가
대세라고?**

'좋은 판에서 콘텐츠를 만드는 일을 하고 싶다.'

2년이라는 시간을 보내면서 제가 내린 결론이에요. 이런 결론을 내리자 방송국 PD, 방송기자, 신문기자가 눈에 들어왔어요. 주변 분들의 권유로 언론사 시험, 흔히 '언론고시'라 불리는 시험에 도전했어요. 저는 그동안 시사 교양, 보도국에서 작가 일을 했어요. 동시대를 살아가는 사람들의 삶을 다루는 이 일에 흥미를 느끼고 있었기 때문에 시사교양 PD와 기자 직군을 준비하기로 마음먹었어요.

언론고시는 다른 국가 고시와 달리, 방송국이나 신문사의 공채 시험을 말해요. 그렇기 때문에 딱히 정해진 교과서나 참고서가 없었어요. 그래도 기본 이력에 필요한 토익 점수, KBS한국어능력시험, 한국사능력시험과 같은 자잘한 '스펙' 정도는 필요했기에 방송국에서 일하는 동안 틈틈이 공부해서 관련 자격증들은 미리 취득해뒀어요.

 유튜버's Talk ·········

'본격적인 준비'라는 것이 다소 모호하긴 한데, 주로 논술과 작문 시험에 대비해서 여러 글의 제재를 찾은 후 이를 내 주장에 맞게 정리해보는 것이 고작이었어요. 한 가지 팁을 드리면, 저의 경우 일이나 공부를 하기 전에 잘된 케이스들을 최대한 수집한 후 그 안에서 잘 먹히는 패턴을 찾고 이를 적용해보는 식으로 접근하는데, 제 생각에는 이런 식의 접근이 논술 시험 대비로 적합했던 것 같아요.

보통 언론사 공채는 주로 하반기에 몰려 있기 때문에 6월부터는 일을 그만두고, 생활비를 아끼기 위해 지방에 있는 집에 내려와 본격적인 준비를 시작했어요.

저는 IQ테스트와 같은 공채 인·적성 시험에 적합한 사람은 아니었지만, 생각을 정리하는 논술 시험은 나름의 노하우가 있어서 준비한 지 3개월 만에 KBS 필기 시험에 합격할 수 있었어요.

기자 필기 시험(가운데 네 번째가 필자) (출처: 부산국제신문)

필기 준비는 어찌어찌 합격했지만, 면접이 문제였어요. 대학교 4학년 때 취업 준비를 하면서도 최종 면접의 관문을 통과하지 못했고 그 후 신문사 공채에서도 면접 전형에서 여러 차례 낙방한 경험이 있었기 때문에 면접에는 자신이 없었어요. 아니나 다를까 KBS 면접장에서 만난 5~6명의 면접관과 대면했을 때는 아무 생각도 나지 않았고 내 자신이 무슨 말을 하고 있는지도 모르겠더라고요. 면접 과정에서 취미와 특기를 반대로 말하는 바람에 엄청 당황하기도 했고요. 결국 면접을 망치고 말았지요.

KBS 공채 수험표

나중에 KBS에 다니는 지인을 통해 저와 함께 면접을 보고 최종 합격한 PD가 어떤 사람인지 알게 됐어요. 성격이 튀지 않는 매우 무난한 캐릭터라 하더군요. 제 성격과는 완전 반대였지요. 생각해보니 그동안 함께 일했던 PD, 기자분들이 대체로 그런 느낌이었던 것 같아요. 이 이야기를 듣고 나니, 제가 면접 과정에서 실수하거나 부족한 부분도 있었겠지만, 저라는 사람의 전체적인 느낌이 그 회사와는 잘 맞지 않았던 것 같아요. 계속 시험에 도전했더라도 면접은 통과할 수 없었을 것 같아요.

면접 발표일, '설마'하는 일말의 기대를 갖고 있었는데, 결과는 역시 낙방이었어요. 낙방의 고배를 마시고 내심 괴로워하고 있던 중 함께 시험을 쳤던 동생이 저에게 콘텐츠코리아랩에서 열리는 강연에 함께 가보자고 했어요. 현직 PD, 기자들이 방송, 신문 시장, 넓게는 콘텐츠 시장의 판도가 어떻게 변하고 있는지를 다루는 강연이었어요. 집에 있어 봤자 달라지는 것도 없고, 기분 전환이나 할 겸 별 기대 없이 강연을 듣게 됐어요.

강연은 현재 올드미디어(방송, 신문)가 지고 1인 미디어가 뜨고 있다는 내용이 주를 이뤘어요. 사실 언론사 시험을 준비할 때 여러 방송 관련 잡지나 책을 통해 이미 알고 있는 내용이었기 때문에 내용 자체는 대수롭지 않게 여겼어요. 이후 이어진 식사 자리에서 강연자로 나왔던 한 공중파 PD와 식사를 하게 됐는데, 그분이 저에게 이렇게 말씀하셨어요.

"내가 지금 방송사에서 일하고 있지만, 젊은 사람들에게 이 판에 들어오라고 하는 게 맞는 건지 모르겠어. 요즘 1인 미디어가 뜨고 있는 거 알지? 시험에 합격하는 것도 좋지만 어차피 바늘구멍이고…. 심지어 나보다 돈도 많이 벌고."

지금 생각해보면, 그 PD의 조언은 정말 현실적이었어요. 하지만 면접에서 떨어지고 꼬일 대로 꼬인 상황에선 그 조언이 귀에 들리지 않았죠. '자기는 편한 길로만 가고 있으면서, 본인이 도전해보지도 않은 길을 젊은 사람한테 가보라고?' 하는 비뚤어진 생각도 들었어요. 사실 말이 좋아 1인 미디어지, 저처럼 끼도, 외모도, 능력도, 말솜씨도 없는 사람이 그 시장에서 성공하는 것은 하늘의 별 따기보다 어려워 보였어요. 차라리 방송국 공채라는 바늘구멍을 통과하는 것이 쉬워 보일 정도였으니까요.

저는 방송국에서 일할 때 콘텐츠 제작이 아니라 자료 조사나 섭외와 같은 작은 파트를 맡았어요. 그래서인지는 몰라도 '나는 전체 콘텐츠를 기획하고 제작할 수 있는 능력이 없어.'라고 생각하고 있었죠. 특히 촬영과 편집 쪽은 문외한이기도 했고, 이쪽 분야는 제 영역이 전혀 아니라고 생각했기 때문에 그 PD의 권유를 진지하게 받아들이지 않았어요.

 유튜버's Talk ········

마이리틀텔레비전은 TV 스타들이 직접 인터넷 생방송을 하는 MBC 프로그램으로 선풍적인 인기를 끌었습니다. 올드미디어인 공중파가 1인 방송이라는 뉴미디어 포맷을 그대로 가져왔다는 점이 흥미로웠어요.

·······················

앞으로 2년만 더 도전해보자고 결심하고 다시 시험을 준비하기 시작했어요. 몇 달 사이 1인 미디어의 거대한 물결은 콘텐츠 시장의 거스를 수 없는 흐름이 돼 있었어요. MBC의 〈마이리틀텔레비전〉은 1인 미디어의 포맷을 차용해 큰 인기를 끌고 있었고, 1인 미디어로 유명해진 사람들이 조금씩 공중파로 진출해 연예인 못지 않은 화제를 낳고 있었지요. 그런 와중에 어렴풋이나마 유튜브와 같은 플랫폼을 활용하면 내가 만든 시스템(사업) 안에서 콘텐츠를 만들 수 있는 일(작가)을 할 수 있을지도 모른다는 생각이 들기 시작했어요.

그쯤 오랜만에 서울에 놀러갔다가 혜강 언니를 만났어요. 6개월 전 즈음에 언니가 밤마다 새로 시도해보는 게 있다고 들었는데, 언니를 만났을 당시에는 이미 언니의 유튜브 채널이 자리잡은 상태였어요. 언니는 그날 저에게 유튜브를 한번 해보라고 권유했어요. 영상 콘텐츠를 만들어본 적이 없던 언니가 자리를 잡았다고 하니 '어쩌면 나도 해볼 수 있지 않을까?' 하는 생각이 들었어요. '방송 바닥에서 3년 가까이 밥을 먹고 살았으니 남들보다 좀 낫지 않을까?' 하는 생각도 있었죠.

말이야와 친구들 채널의 초창기 영상

 유튜버's Talk ·········

지금은 구독자 1,000명, 1년 내 누적 시청 4,000시간을 채워야 하지만 당시에는 1,000분만 넘으면 바로 수익이 생기는 시스템이었어요.

더욱이 그해에는 'KBS 공채가 없을지도 모른다.'라는 이야기가 들려서 공채 공고가 나오기 전까지만 도전해보자는 마음으로 영상을 만들기 시작했어요.

실시간 급상승 1위?

**유튜브가
만만해?**

 유튜버's Talk ········

영화 리뷰의 경우 재편집만 할 줄
알면 촬영 장비 없이 하나의 콘텐
츠를 만들 수 있다는 단순한 이유
로 시작한 콘텐츠였어요.

······················

제가 처음 도전했던 콘텐츠는 '영화 리뷰'였어요. 평소 영화에 관심이 많았는데, 심리학(특히, 연애 심리)과 결합해 이야기를 풀어보면 재밌지 않을까 싶어 시작해봤어요. 며칠 동안 〈8월의 크리스마스〉라는 영화를 나름의 방식으로 해석해봤는데, 허스키한 제 목소리가 마음에 들지 않아 더빙을 넣지 않았어요. 그런 이유 때문인지는 몰라도 제가 봐도 재미도, 감동도 없는 '맹탕 리뷰'가 돼버리고 말았죠. 주변 사람에게 잠깐 보여주곤 부끄러워서 업로드조차 하지 않았어요. 그렇게 저의 유튜브 도전은 실패로 끝나가는 듯했지요.

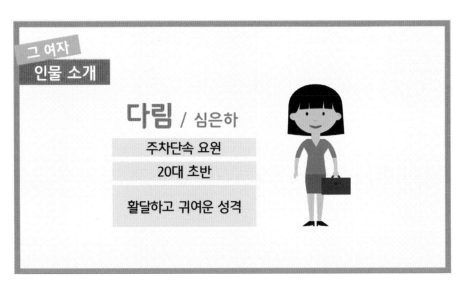

그 여자
인물 소개

다림 / 심은하

주차단속 요원

20대 초반

활달하고 귀여운 성격

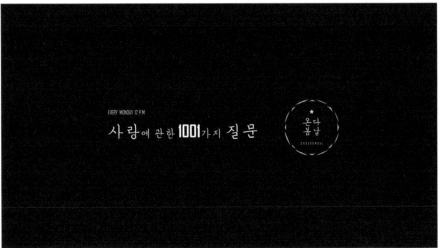

EVERY MONDAY 12 P.M.

사 랑에 관한 1001가지 질문

온다
봄날

시험작, 〈온다 봄날〉 타이틀 및 제작 영상

유튜버's
Talk

사랑에 관한 1001가지 질문을 다뤄본다며 야심차게 시작했지만, 1개만 만들고 끝나버리고 말았어요. 역시 유튜브는 거창하게 시작하기보다는 가볍게 시작하다가 확장하는 게 최선인 것 같아요.

저는 평소 도전과 포기를 밥 먹듯하는 성격인데, 이상하게도 유튜브만큼은 포기하기 싫었어요. 그럴 수밖에 없던 이유가 있긴 했죠. 언제 합격할지 모르는 언론사 공채만 바라보고 있을 수 없었고 지방에 거주하고 있었기에 마땅한 방송국 작가 일도 없었어요. 컴퓨터, 아이디어, 시간만 있으면 어디서든 콘텐츠를 만들 수 있으니 반백수였던 저는 유튜버로서 최적의 조건을 갖춘 셈이었지요.

당시 유튜브의 수익 배분 정책 덕분에 생계를 이어갈 만큼의 수익을 얻는 유튜버들이 조금씩 생겨나기 시작했어요. 혜강 언니도 이들 중 하나였지요. 저는 월 100만 원이라도 좋으니 콘텐츠를 만들면서 언론사 공채를 준비할 수 있었으면 좋겠다고 생각했어요.

 유튜버's Talk ········

알랭 드 보통의 《불안》이라는 책에서는 이런 제 마음을 다음과 같이 표현하고 있더군요.

"다른 무엇보다도 일을 기준으로 남들이 우리를 존중하고 배려하는 수준이 결정된다. 무슨 일을 하느냐는 질문에 어떤 대답을 하느냐에 따라 사람들은 우리를 대접하는 방식을 결정한다. 우리가 새로운 사람을 만났을 때 맨 처음에 대답해야 하는 질문이기도 하다."

이외에도 유튜버란 직업을 포기할 수 없는 이유가 또 한 가지 있었어요. 20대 후반의 저는 마치 쓸모없는 사람, 한국 사회에 맞지 않는 사람이 되어버린 것 같았어요. 대학에 다닐 때까지는 좋은 사람, 똑똑하고 열심히 사는 사람으로 평가받았는데, 졸업 후 계속된 취업 낙방에 아무 쓰임새도 없는, 무가치한 인간처럼 느껴졌기 때문이죠. 어디서 무엇이 되어도 좋으니 스스로의 존재를 증명해 보이고 싶은 마음이 커졌답니다.

소위 잘 나가는 유튜브 콘텐츠들의 패턴을 계속 연구(?)하면서 지켜 보고 있던 중 저는 평소 관심이 있었던 시사 문제에 대해 이야기해보고 싶다는 생각이 들었어요.

기성 미디어에서 작가로 일했을 때는 내 생각을 권위자의 입을 빌려 전달해야 했어요. 가끔 인터뷰 전에 전문가에게 미리 질문지를 보낼 일이 종종 있었는데, 깊이 있는 식견을 듣기 위해서라기보다는 단지 권위자의 이름과 소속을 빌려 주장하는 내용의 타당성을 얻기 위해서였어요. 하지만 유튜브는 달랐어요. 누구라도 자신의 생각을 오롯이 전달할 수 있었고, 그것이 많은 사람의 공감을 얻으면 제가 누군지는 아무런 상관이 없었죠.

내 생각을 전하고 싶다는 열망 때문인지, 평소보다 빠른 속도로 작업을 끝내고 시사 콘텐츠 하나를 유튜브에 업로드했어요. 행여 귀찮은 문제가 생길 것을 우려한 남자친구가 업로드를 반대했지만, 이 이야기를 하지 않으면 답답해 죽을 것만 같은 기분이 들었어요. 남자친구에게는 "어차피 올려봤자 아무도 안 볼 거니까 걱정 마."라고 이야기한 후 영상을 올리고 잠이 들었지요.

 유튜버's Talk ········

끝도 없이 올라가는 조회 수를 보면서 기쁜 마음보다는 두려운 마음이 더 들었어요. 그 이후에 업로드한 영상 중 하나는 유튜브 급상승 동영상 1위가 되기도 했어요.

그런데 놀라운 일이 생겼어요. 아무도 안 볼 것 같던 영상의 조회 수가 하나둘씩 올라가더니 어느 순간 10단위 조회 수가 금방 100, 1000으로 올라가다가 만에서 100만까지 눈 깜짝할 사이에 늘어났어요.

갈림길에서

전업 유튜버가 되기까지

요즘은 그야말로 유튜브 전성시대입니다. 누구나 유튜브로 수익을 얻을 수 있다는 것을 알고 있고, 어디서든 마음만 먹으면 유튜브 콘텐츠를 만들 수 있죠. 너도나도 유튜브 콘텐츠를 만드는 이 시기에 도대체 누가 누구에게 유튜버라는 말을 붙일 수 있을까요?

우연히 만든 영상 몇 개가 소위 '대박'이 나서 1000만 뷰가 나왔다 한들, 저는 스스로를 유튜버라고 자신 있게 말할 수 있을까요?

제 대답은 "아니요."입니다.

유튜버's Talk ·········

우연히 찬 공이 골대에 들어갔다고 해서 프로 축구선수가 될 수는 없어요. 그렇다고 매주 조기축구회를 열심히 다니는 분들을 축구선수라고 부를 수 있을까요? 경제적 보상으로 생계를 이어가는 것이 아니므로 이 역시 프로라고 말하긴 어려울 거예요.

흔히 아마추어와 프로의 차이를 '홍미로 하느냐', '경제적 보상을 위해 하느냐?'로 나눈다고 합니다.

이런 기준을 적용한다면, 저는 유튜버를 '유튜브를 이용해 꾸준히 수익을 내는 사람'이라 정의하고 싶어요. 저처럼 반짝 수익을 거뒀다고 해서 유튜버라고 할 수는 없는 것처럼요.

프로와 아마추어의 차이

저는 우연한 기회에 평소 관심을 갖고 있던 시사 콘텐츠로 수익을 거뒀지만, 그렇다고 해서 이를 직업으로 삼을 수는 없었어요. 시사 유튜버로서 꾸준히 안타를 칠 수 있는 콘텐츠를 만들 자신도 없었고 그럴 만한 멘탈도 타고나지 못했으니까요.

시사 콘텐츠의 특성상 자극적이고 부정적인 내용을 다룰 일이 많은데, 이런 내용을 다룰 때마다 정신이 피폐해짐을 느꼈어요. 더욱이 범죄에 관련된 이슈를 다룰 때는 피해자에게 너무 과한 감정 이입을 한 나머지 몸과 마음이 힘들기도 했어요.

그렇기 때문에 소위 유튜브로 먹고사는 '프로 유튜버'가 되기 위해서는 조금 다른 접근이 필요했어요. 몸이든 정신이든 일단 힘들지 않고, 매일 반복해도 싫증이 나지 않을 만한 콘텐츠를 만들어야겠다는 생각을 하게 됐지요. 저는 다른 유명 유튜버들처럼 말을 잘하거나 외모가 출중하거나, 끼가 많은 사람이 아니었기 때문에 저처럼 평범한 사람도 할 수 있는, 후천적인 노력으로도 충분히 커버할 수 있는 콘텐츠를 찾기 위해 노력했어요.

저는 재능 상위 1%가 아니라도 유튜브 업계에서만큼은 평범한 사람도 얼마든지 성공할 수 있다고 믿었어요 (지금도 그렇게 믿고 있어요). 왜냐하면, 아직까지 유튜브를 보는 사람들은 자신들의 니즈만 충분히 채워줄 수 있는 콘텐츠라면 엄청난 퀄리티까지 요구하진 않기 때문이죠.

혹자는 지금이 '1인 미디어 또는 콘텐츠의 홍수 시대', '레드오션', '포화 상태'라고 표현한다고 해요. 저는 반은 맞고 반은 틀리다고 생각합니다. 틀리다고 생각하는 이유는 올드미디어라 불리는 TV가 생긴 이래 몇십 년이 지났지만, 여전히 새로운 콘텐츠를 선보이고 있기 때문이죠.

시청자들은 이전에 보지 못한 콘텐츠를 끊임없이 갈망하고 있어요. 저는 콘텐츠 분야에서만큼은 '기회는 항상 있다.'고 믿는 입장입니다. 사람들의 숨은 니즈만 잘 찾아 구현해낸다면 봉준호 감독, 김태호 PD가 아닌 평범한 저같은 사람에게도 기회가 있을 테니까요.

대학 시절, 교양 필수로 들었던 컴퓨터 수업에서 두 번이나 'F'를 맞은 이후, 저는 컴퓨터와는 완전히 담을 쌓고 지냈어요. 졸업 이후, 방송국에서 작가와 조연출을 겸해 일한 적은 있었지만, 편집 관련 프로그램은 한 번도 다뤄본 적이 없었죠. 조연출 역할을 할 때도 감독님이 편집할 때 필요한 관련 영상을 찾아드리는 정도일 뿐이었고요. 당시에는 오선지에 악보를 그리듯 영상과 음향이 여러 레이어에 겹쳐 있는 편집 프로그램의 복잡한 모습을 보고 '나는 다시 태어나도 절대 저 프로그램은 다룰 수 없을 거야.'라고 생각했죠. 이따금씩 편집 감독님이 재미로 배워 보라고 권유했지만, 저는 지레 겁을 먹곤 단 한 번도 배울 생각조차 하지 못했어요.

하지만 전업 유튜버가 되려면 콘텐츠를 만들기 위한 기본적인 기술을 익혀야겠다고 판단했어요. 대학 시절의 전공이 상경 계열이었고, 방송국에서도 영상을 만들 때 쓸 수 있는 직접적인 스킬을 익히지 못했기 때문에 사설 교육 기관을 이용해서라도 이런 기술을 습득해야 한다고 생각했어요. 그래서 학원에 다니기 시작했지요. 포토샵, 일러스트, 프리미어 프로, 애프터 이펙트 등 영상, 이미지 편집 프로그램을 익히고 그날 배운 내용을 콘텐츠에 적용해보면서 실력을 키웠어요.

 유튜버's Talk ·········

좋아하는 연예인이나 사랑하는 사람들의 사진을 합성하면서 포토샵을 연습하다 보면 실력이 금방 늘어납니다.

조카 사진으로 포토샵 연습

또한 이 시기에 과거 시사 콘텐츠를 만들어 벌어들인 광고 수익으로 상가 주택에 월세를 얻어 사무실, 작업 공간, 주거 공간으로 활용했어요. 아직 어떤 콘텐츠를 만들지 구상도 하지 못한 상황이었지만, 사람 일은 한치 앞을 알지 못하므로 제 이름으로 사업자등록도 미리 해서 외형적인 준비는 모두 마쳐 놓았어요.

 유튜버's Talk ········

매일 '최선의 결정은 누구도 알 수 없다. 이후의 선택을 통해 그 결정이 최선이 되게 하는 것밖에는….'이라는 생각을 하면서 전업 유튜버가 되기로 한 제 결정이 옳았다는 것을 증명하기 위해 스스로를 채찍질했어요.

························

이렇게까지 일을 벌려 놓으니, 정말 전업 유튜버로 성공해야겠다는 생각이 들었어요. 이제 '돈을 많이 벌면 좋고 아니면 말고' 식의 부업 또는 취미 수준을 넘어버린 것이지요. 그동안 준비했던 언론사 입사 준비를 과감히 포기하고 시작하는 일이었기에 더욱 간절한 마음이 들었어요.

이제부터는 제가 지난 3년간의 전업 유튜버 생활을 되돌아보고, 이 과정에서 제가 겪었던 경험과 느꼈던 감정을 진술하게 이야기해볼게요. 제가 본 세계가 유튜브의 전부는 아니겠지만, 유튜브를 이제 막 시작하거나 이미 하고 있지만 고군분투 중인 분들을 위해 제가 경험한 유튜버의 특성과 장단점은 알려드릴 수 있을 것 같아요.

유튜버라는 직업에 관심이 있는 분들은 이 책에서 '성공 노하우'나 '정답'을 기대하실지도 모르겠어요. 저 역시 그런 부분이 있다면 최대한 공유해드리고 싶지만, 제가 겪어본 바로는 적어도 유튜브엔 '정답'이란 없었어요. 하지만 여러분께서 저의 경험을 통해 성공 확률을 좀 더 높일 수 있는 '힌트'를 얻고, 제가 한 실수를 반면교사로 삼아 시행착오를 줄일 수는 있을 것이라 생각합니다. 그럼, 전업 유튜버의 이야기를 본격적으로 시작해볼까요?

유튜브의 성공을 위해서라면

자,
이제 시작이다

세상 사람은 쉽게 말합니다. "원하는 게 있으면 도전하라고…." '시작이 반'이라는 말이 있지만, 나머지 절반을 차지하는 '버티기'에 대해서는 누구도 언급하지 않죠. 소중한 꿈을 현실로 만들기 위한 이 지루하고 고단한 시간을 어떻게 견뎌내야 할까요? 내가 만든 콘텐츠가 많은 사람에게 인정받고 자리잡을 때까지! 유튜버의 '암흑기'라 불리는 이 시간을 콘텐츠 개발의 '황금기'로 만드는 방법을 소개합니다.

크리에이터 준비생의 뇌 구조

언론고시를 그만두고 전업 유튜버로 자리잡기까지의 시
기. 공식적으론 백수였지만, 꿈과 의지만은 가득했다.

내가 잘하는 것과 좋아하는 것 중
무엇을 해야 할까?

좋아하는 일?
잘하는 일?

"자신이 좋아하고, 잘하는 일을 하세요!"

비단 유튜버뿐 아니라 어떤 직업을 선택할지 고민하는 사람들이라면 누구나 듣는 말일 거예요. 입시 공부, 대학 생활, 취업, 결혼…. 한국인의 전형적인 삶을 살고 있는 사람들은 '자신이 무엇을 좋아하고, 무엇을 잘하는지' 잘 모를 뿐 아니라 그 '무엇'을 알아내기 위해 진지하게 고민해보거나 도전해본 경험이 많지 않을 것입니다.

그렇다면, '자신이 잘할 수 있는 일'이란 무엇을 의미하는 것일까요? 저는 잘할 수 있다는 것은 '타고난 재능'이나 오랫동안 노력해 남들보다 비교우위를 갖는 '실력'이라고 생각합니다. 직업을 갖고 일하다 보면 남들과 경쟁할 수밖에 없는데, '타고난 재능'이나 '이미 갖춰진 실력'은 내가 주변 사람보다 더 좋은 성과를 거두는 데 많은 도움이 됩니다. 다시 말해, 같은 업무를 하더라도 좋은 성과를 낼 수 있는 확률이 높아져서 타인보다 더 빨리 인정받을 수 있게 되죠.

'자신이 좋아하는 일'이란, 평소 누가 시키지 않아도 꾸준히 찾아보거나 일을 놀이처럼 즐길 수 있는 것이라 생각합니다. 이것은 '흥미'와 연결되죠. 일 자체가 내적 만족을 주면 비록 성과(외적 만족)가 변변치 않더라도 오래 버틸 수 있는 힘이 생기거든요. 본인이 좋아하는 일이다보니 좀 더 적극적으로 찾아보게 되고, 스트레스를 덜 받다 보니 오래 집중할 수 있게 되는 것이고요.

그렇다면 저는 유튜버로서 제가 '잘하고 좋아하는 일'을 했을까요? 처음 시사 콘텐츠를 했을 때는 어느 정도 "그렇다."라고 대답할 수 있을 것 같아요. 제가 평소 시간이 날 때마다 흥미를 갖고 찾아보던(좋아하던) 사람 사는 일, 공동체에서 일어나는 일을 이슈로 다뤘으니까요. 이런 흥미를 바탕으로 제가 잘하는 방식을 이용해 콘텐츠를 만들었던 것이 초반에 빠른 성과를 내는 데 효과적이었던 것 같아요.

**유튜브 성공의
필수 요소**

하지만 앞서 이야기했듯이 저는 시사 콘텐츠를 할 때의 스트레스를 오래 감당하지 못했고, 결국 몇 달 만에 포기했어요. 지금 생각하면, 스트레스가 적은 방향을 찾아 채널을 좀 더 유지했다면 어땠을까 후회하기도 합니다.

저의 두 번째 채널인 '토이위자드'는 어땠을까요? 이것 또한 '잘하고 좋아하는 일'이었을까요? 사실 자신 있게 "예."라고 답하기는 어려워요. 일단 어린이 콘텐츠라는 영역은 원래 제 흥미도, 주요 관심사도 아니었기 때문이죠.

촬영을 기반으로 하는 어린이 콘텐츠는 어떻게 보면 성공의 필수 요소인 '좋아하는 일', '잘하는 일'을 선택한 것이 아니었기 때문에 사실 실패가 예견된 도전이었어요.

하지만 저는 어떻게 토이위자드를 전 세계 5,000위권, 국내 100위권까지 올려놓을 수 있었을까요?

국내 100위권으로 진입한 토이위자드 채널

저는 당시 성인들이 보는 콘텐츠 - 특히, 부정적인 내용을 다루는 - 를 다루면서 정신적으로 많이 힘들었고, 그에 대한 반작용으로 밝고 긍정적인 어린이 콘텐츠에 관심을 갖게 됐어요.

또한 저는 앞서 언급한 경험을 통해 어떤 '판'에 있느냐에 따라 똑같이 노력해도 보상이 확연하게 달라진다는 걸 알고 있었지요. 제가 유튜브를 시작할 당시만 해도 일반인들에게 아직 유튜브로 돈을 번다는 인식이 많지 않을 때였어요. 영상을 올려 사람들이 보는 만큼 광고 수익을 반반(정확히는 유튜브 45 : 크리에이터 55) 가져가는 구조였고, 어린이 콘텐츠는 전 세계적으로 엄청난 트래픽을 내고 있었기 때문에 초기 진입만 잘한다면 수익을 내기 더 없이 좋은 판이었죠!

키즈 분야는 제가 좋아하던 콘텐츠는 아니었지만, 이 영역에서 반드시 자리잡아야 겠다고 마음먹고, 그 속에서 관심 있는 부분을 찾기 시작했어요. 다행히 액션이나 SF, 판타지, 마법. 호러, 스릴러와 같은 부분에 흥미가 있어서 콘텐츠에 지속적으로 주입하려고 노력했어요. 제가 재미있는 내용을 만들어야 편집할 때도 집중이 잘됐기 때문입니다.

그렇다면 전에는 못했던 것을 어떻게 잘할 수 있게 되었을까요? 촬영이나 편집에 대한 이해도가 낮았지만, 포기하지 않고 6개월 동안 학원과 독학을 병행하자 실력이 늘면서 점차 흥미도 생기기 시작했어요. 토이위자드의 경우 처음으로 업로드한 영상의 조회수가 100이 나올 때까지 꽤 오랜 시간이 걸렸는데, 지금 생각해보면 어느 정도 '남들보다 잘할 수 있는' 절대적인 실력이 갖춰지기까지 반드시 제가 지불했어야 하는 비용 같은 게 아니었을까 싶어요.

다시 정리하면, '좋아하고 잘하는 일'을 하는 것이 초반부터 성과를 내기에도 유리하고, 성공 확률도 높다는 것은 틀림없는 사실인 것 같아요. 게다가 유튜버로 자리잡는 데 가장 중요한 것은 꾸준함인데, 좋아하는 콘텐츠를 하게 되면 이 꾸준함을 쉽게 유지할 수 있거든요. 또한 자신이 잘하는 것을 하게 되면 상대적으로 편안하고 힘이 덜 들게 돼 중간에 포기할 가능성이 크게 줄어들죠.

궁금해요
Q&A

유튜버는 따로 전공해야 할 과목이 있나요?

저는 영상을 전공하지 않았어요. 그렇다면 제 케이스가 특별한 것일까요? 제가 실제로 만나본 미디어 업계(PD, 방송기자, 유튜버)에는 영상을 전공한 사람이 생각보다 많지 않았어요. 영상을 전공하신 분들은 미디어 분야에 대해 학문적인 이해를 바탕으로 접근할 것입니다. 하지만 타 전공 출신은 학문적인 배경지식은 조금 부족할 수 있지만, 색다른 시각에서 접근할 수 있다는 장점이 있죠. 예를 들어, 저는 상경 계열을 전공한 덕분에 영상물을 '작품'이 아니라 '상품'으로 본다는 게 다를 수 있겠지요. 예전에는 촬영, 편집 등의 방송 영역이 특별한 기술처럼 보였지만, 이제는 조금만 관심을 가지면 누구나 쉽고 빠르게 관련 기술을 익힐 수 있습니다. 그렇기 때문에 유튜버가 되고 싶다고 해서 반드시 영상 관련 전공을 선택할 필요는 없다고 생각합니다.

좌충우돌
초보 유튜버 도전기

콘텐츠와의 전쟁   유튜브로 돈을 벌기 위해서는 일반 사람과는 조금 다른 접근이 필요하다고 생각해요. 예전에는 자신이 하고 싶은 것(작품)을 만들었다면, 이제는 남들이 보고 싶어하는 것(상품)을 만들어야 하죠. 이것이 곧 아마추어와 프로의 차이라고 할 수 있습니다. 유튜브 채널을 운영하는 과정을 통틀어 보더라도 자신이 좋아하는 영역 안에서, 가용할 수 있는 자원으로, 남들이 보고 싶어 하는 콘텐츠를 찾는 과정은 가장 중요하고도 어려운 작업인 것 같아요.

유튜버's Talk   나의 가용 자원(영상을 구성할 수 있는 장비+소재)의 예

상황	장비	소재
촬영	촬영 장비 (스마트폰, 카메라, 캠코더 등)	촬영 가능한 소재 (고양이, 요리 솜씨 좋은 우리 엄마 등)
그림	펜과 종이, 타블렛, 아이패드 등	금손 (매우 중요!)

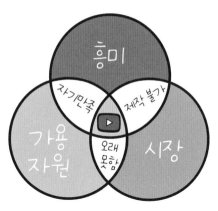

유튜브 트라이앵글 = 흥미 + 가용 자원 + 시장

저 역시 유튜브 채널 기획 과정에서 많은 시행착오를 거쳤어요. 손을 댄 것마다 성공시키는 노하우가 있었다면 유명한 유튜버가 됐을 텐데, 안타깝게도 저는 그렇지 못했어요. 시사 콘텐츠를 접고 난 후 전업으로 제가 할 수 있는 콘텐츠를 찾기 위해 노력했고, 곧 어린이 콘텐츠 시장에 관심을 갖게 됐어요.

 유튜버's Talk ········

당시 유튜브는 어린이들이 먹여 살린다는 말이 있을 정도였어요.

························

어린이 콘텐츠를 시작하게 된 이유를 좀 더 구체적으로 말씀드리면, 당시 전 세계적으로 어린이 콘텐츠는 좋은 '판'이었어요. 자리만 잡으면 엄청난 트래픽을 통한 고수익을 기대할 수 있었지요. 시사 콘텐츠를 하면서 부정적인 기사를 많이 읽어 심리적으로 많이 힘들었기 때문에 밝고 긍정적인 콘텐츠를 하고 싶었고, 어린이 콘텐츠는 이런 면에서 더없이 좋은 영역이었어요.

유튜버's Talk ········

에버그린 콘텐츠(Evergreen Contents)란, 장기적으로 지속 가능한, 즉 오랜 기간 동안 사람들에게 사랑받을 수 있는 콘텐츠를 말해요. 따라서 에버그린 콘텐츠를 만들고 싶다면 콘텐츠의 질적 가치와 효용 가능성에 대한 전략적 개발이 필요합니다.

··

또한 저는 방송작가를 할 때부터 시의성이 높은 시사 프로그램을 많이 접했는데, 이슈가 지나가고 나면 열심히 만들었던 콘텐츠가 금방 생명력을 잃는다는 게 매번 아쉬웠어요. 시사 콘텐츠 채널 역시 마찬가지였어요. 그래서 시간이 지나도 꾸준히 사랑받는 '에버그린 콘텐츠(Evergreen Contents)'를 만들고 싶었는데, 어린이 콘텐츠는 이런 면에 부합하는 소재였지요.

 유튜버's Talk ········

유튜브를 시작했다면, 영상의 퀄리티에 집중하기보다 시청자가 반응하는 영상의 '포인트'가 무엇인지 찾아내야 합니다. 테스트용 영상을 만들어 보면서 초기 반응을 살펴보세요.

··

어린이 콘텐츠라는 영역 안에서 '토이위자드'로 자리잡기 전까지 다양한 기획을 해보고 실수를 하며, 저 나름대로 '해야 할 것'과 '하지 말아야 할 것'의 기준을 잡아나갔어요. 조금 부끄럽지만 이 과정을 여러분께 가감 없이 보여드리려고 합니다.

어린이 콘텐츠에서 처음 시도해봤던 콘텐츠는 당시 유행하던 '서프라이즈 에그'를 모티브로 기획한 영상이었어요.

여기서 착안해 좀 더 '알' 같은 느낌을 줄 수 있는 석고로 대형 서프라이즈 에그를 만들고, 그것을 하나하나 깨면서 영어 공부를 하면 아이들이 좋아할 것이라 생각했어요. 석고알이 깨지는 소리나 진짜 알이 깨지듯이 잘게 부숴지는 영상을 잘 보여준다면 기존 콘텐츠와 충분히 차별화될 것이라 판단했지요.

미대 출신 친구에게 부탁해 석고알 몰드를 제작했고, 그 덕분에 석고알을 주제로 한 콘텐츠를 만들 수 있었어요. 하지만 가장 큰 문제는 석고알을 꾸준히 뽑아낼 수 없다는 것이었어요. 애석하게도 콘텐츠의 핵심이라 생각했던 석고알을 꾸준히, 일정하게 뽑아낼 수 없어 결국 포기하고 말았어요. 이외에도 알파벳 단어와 사물만 바뀌는 너무도 단순 반복적인 콘텐츠를 더 재미있게 발전시킬 방법을 찾지 못했고, 결국 이 콘텐츠를 접게 됐어요.

이후 저는 '꾸준히 반복 가능한가?(자원 측면)' 또는 '오랫동안 흥미를 갖고 만들 수 있는가?(흥미 측면)'를 고려하게 됐어요.

채널명	코콕(cocok)
기획 내용	서프라이즈 에그 콘텐츠
선택 이유	• 라이언 토이 리뷰(세계 톱 3 안에 들어가는 어린이 크리에이터)에서 엄청난 인기를 끌고 있음. • 대형 서프라이즈 에그를 만들거나 깨는 등과 같은 콘텐츠가 인기 있음. • 영어 단어를 재미있게 공부할 수 있는 콘텐츠를 만들면 어떨까 싶음.
방식	세트 촬영물
준비물	석고알, 장난감 망치, 알파벳 모형, 각종 장난감이나 사물
내용	❶ 석고알을 만들어서 깬다.　　　　　　❷ 그 안에서 알파벳이 나오고 ❸ 알파벳을 조합하면 해당 사물로 바뀐다.

코콕 채널 기획 과정과 영상

두 번째 실패

서프라이즈 에그를 만들고 깨는 것만 반복하는 콘텐츠였던 '코콕'을 그만두고 나자, 좀 더 동적인 콘텐츠를 만들고 싶어졌어요. 그때 생각난 것이 가까운 곳에 사는 지인분의 아들이었죠. '마로마로' 채널은 지인분 아들의 일상 모습을 카메라에 담으면 많은 사람의 관심을 끌 수 있을 것이라는 단순한 기대감으로 시작했어요.

하지만 제가 미처 고려하지 못한 것이 있었어요. 제 아이가 아니다보니 전혀 통제가 되지 않았어요. 아이와 신뢰 관계가 형성돼 있지 않았고 나이도 어리다보니 일주일에 한 번씩 와서 촬영을 하는 제가 직접적으로 뭔가를 지시하기 어려웠죠.

나름대로 주중에 열심히 기획하여 당시 트렌드가 되는 체험 거리를 준비해 가더라도 아이가 싫다고 하면 시도조차 해볼 수 없었어요. 콘텐츠가 자신의 통제하에 있어야 한다는 것을 그제서야 깨달았죠. 이것은 시간이나 자원을 추가로 투입한다고 해서 해결될 수 없는 문제였어요.

또한 브이로그라는 특성상 하루종일 함께하며 자연스러운 상황을 찍어야 하는데, 인위적인 연출을 하지 않다 보니 하루종일 촬영해도 짧은 영상 한두 개도 얻기 어려웠죠. 4~5번의 촬영 끝에 결국 이 콘텐츠를 포기하게 됐어요.

49

기획서 예 2

채널명	마로마로(MaroMaro)
기획 내용	어린이 브이로그
선택 이유	외모가 뛰어난 아이의 일상 생활을 보여주는 것만으로도 많은 팬을 확보할 수 있지 않을까 하는 기대감
출연	지인의 아들
방식	당시 트렌드인 각종 체험 거리들
내용	❶ 가급적이면 자연스러운 모습을 담아냄. ❷ 당시 트렌드가 되는 체험 거리를 제공한 후 반응을 관찰

마로마로 채널 기획 과정과 영상

그동안 투입한 자원이 아까웠지만, 지인과의 관계가 껄끄러워질 것도 염려돼 중단했어요. 만약 이 콘텐츠를 계속 했더라면 어땠을까 생각해본 적도 있었어요. 결과는 아무도 모르는 일이지만, 고생만 하다가 더 큰 지출을 하고 결국 그만두게 됐을 거라 생각합니다. 결과적으로 봤을 때 마로마로 콘텐츠에 들어갈 자원으로 다시 새로운 콘텐츠에 도전해본 것이 최선의 선택이었다는 생각이 듭니다.

 유튜버's Talk ········

여러분도 기사를 통해 종종 접하셨겠지만, 출연자가 너무 유명해질 경우 원래 있었던 채널에서 나가 본인의 독립 채널을 만드는 경우도 있어요.

핵심 자원이 자신의 통제하에 있지 않았을 때의 가장 큰 문제는 채널을 힘들여 키우더라도 결국 '남'의 것이 되고 만다는 것이에요.

또한 콘텐츠의 핵심 부분이 '남'에게 있게 되면 콘텐츠를 힘 있게 끌고 갈 수 없어요. 음식점의 사장이 조리를 전혀 못하면 계속 주방장에게 끌려다니는 숙명을 지닐 수밖에 없는 것처럼 콘텐츠 역시 다른 사람이 콘텐츠의 중심이 되고 나면 계속 눈치만 봐야 하는 상황이 생길 가능성이 매우 크죠. 이 때문에 질을 높이는 시도는 엄두조차 못 내게 될 수 있어요.

그럼에도 불구하고 출연자를 써야 하는 상황이라면 무한도전이나 런닝맨처럼 여러 명이 출연하는 크루형 콘텐츠나 그 사람을 대체할 수 있는 또 다른 인력 풀을 갖춰 위험 상황에 대비할 수 있어야 한답니다.

세 번째 도전　마로마로를 통해 콘텐츠의 핵심을 통제할 수 있어야 한다는 교훈을 얻은 후 제가 떠올린 것은 사랑하는 조카들이었어요. 마침 조카들의 나이대가 어린이 상황극을 많이 하는 시기였어요. 브이로그를 해보니 대본 없는 일상 촬영만으로는 유튜브에 올릴 만한 분량을 뽑아내기 어려웠기 때문에 어느 정도 연출이 들어간 상황극을 중심으로 콘셉트를 정한 후에 촬영을 시작하게 됐어요. 미리 상황극과 소품을 구매하고 일주일에 1~2번씩 언니 집을 방문해서 촬영했어요.

　아무래도 지인 집보다는 편했지만, 편도로 2시간 이상 걸리는 언니 집은 거리상으로 꽤나 멀었기에 한 번 갈 때마다 어느 정도 분량을 반드시 뽑아내야 한다는 압박감이 있었어요. 한 번 갈 때마다 이동 시간은 대략 4시간, 비용은 대략 5~10만 원 정도 들었어요. 아직 수익이 나고 있지 않은 상태에서 매번 비싼 장난감이나 어린이용품을 구매해야 하는 것에 부담을 느끼게 됐고, 이 콘텐츠조차 몇 달을 유지하다 결국 포기했어요. 언니 집이 좀 더 가까운 곳에 있었거나 비용이 덜 드는 방향으로 콘텐츠를 조정했다면 좀 더 오래 버틸 수 있지 않았을까 생각해요.

기획서 예 3

채널명	예스패밀리(YE's Family)
기획 내용	어린이 상황극 콘텐츠
선택 이유	• 당시 어린이 상황극 콘텐츠가 좋은 반응을 얻고 있었고, 그 나이 또래의 조카들이 있어서 시도함. • 조카들은 어느 정도 통제할 수 있다고 판단함. • 아이들이 좋아하는 각종 상황극을 연출, 언어가 필요하지 않은 비언어적(Non-Verbal) 콘텐츠로 전 세계 트래픽을 끌어올 수 있음. • 채널이 잘 브랜딩되면 PPL이나 기업 광고도 받을 수 있음.
방식	실내, 야외 촬영물
출연	언니, 나, 조카 2명
준비물	장난감, 어린이 용품, 의상 등
내용	❶ 장난감 리뷰 ❷ 여러 가지 상황극 놀이

조카들과 함께한 예스패밀리 채널 기획 과정과 영상

당시에는 콘텐츠 한 개당 얼마만큼의 비용을 잡아야 소위 '조회 수가 터질 때까지' 버틸 수 있는지에 대한 개념이 전혀 없었어요. 이후 '주어진 자원으로 얼마나 오래 버틸 수 있는가?'에 대한 고민을 하기 시작했고, 이에 대해 내린 결론은 다음과 같아요.

경제학에서는 총 비용을 다음과 같이 정의합니다.

총 비용 = 총 고정 비용 + 총 가변 비용
= 총 고정 비용 + 평균 가변 비용 × 생산량

제가 쓸 수 있는 총 비용이 한정돼 있다면(저의 경우는 3,000만 원), 고정 비용(임대료, 라이선스, 공과금, 장비 구입비 등)뿐 아니라 콘텐츠 하나당 쓸 수 있는 비용(가변 비용) 또한 부담스럽지 않은 선에서 조정했어야 했어요.

 유튜버's Talk ·········

자본이 없으면 채널이 자리잡을 때까지 절대 버틸 수 없어요. 초기 투자금, 고정 비용, 변동 비용을 미리 예측해 콘텐츠를 기획하세요.

· ·

주어진 자원으로 얼마나 버틸 수 있는가?

유튜버's Talk ········

만수르급의 부자가 아닌 이상 저와 같은 보통의 생활인이 평균 가변 비용이 너무 많이 드는 콘텐츠를 선택할 경우 유튜브 수익이 나올 때까지 버티기 힘들 수 있어요.

·························

제가 시도했던 예스패밀리처럼 매번 새로운 물품을 사서 써야 하는 리뷰형 콘텐츠(명품, 가전제품 등)나 여행 콘텐츠의 경우(교통비, 입장료, 외식비가 매번 듦) 저처럼 딜레마에 빠질 확률이 높아요. 처음에는 재미로 시작하더라도 꾸준히 하다 보면 가변 비용을 감당하기 힘들기 때문이죠.

따라서 유튜브 크리에이터가 되기 위해서는 일정 기간 동안 콘텐츠를 만들기 위한 예산과 비용의 개념에 대해 알아둘 필요성이 있다고 생각합니다.

토이위자드의 탄생

여러 번의 실패를 통해 저는 콘텐츠를 기획할 때, 저만의 판단 기준을 만들었어요. 간단히 다시 정리해보면, '꾸준히 반복할 수 있는 콘텐츠인가?(흥미와 자원 고려)', '주어진 자원으로 얼마나 오래 버틸 수 있는가?(가변 비용 고려)', '콘텐츠의 핵심이 자신의 통제하에 있는가?'입니다. 토이위자드는 이 세 가지 조건을 모두 충족한 콘텐츠였어요.

첫째, 장난감이라는 주연, 조연 배우는 철저하게 제 통제하에 있었어요. 장난감이라는 특성상 관

리만 잘하면 썩지도, 없어지지도 않고 오래 사용할 수 있었어요.

둘째, 부재료로 썼던 것 역시 대부분 문구류(물감이나 슬라임 등)였기 때문에 가격이 저렴했고 재활용도 가능했어요. 그 덕분에 아무리 영상을 많이 찍어도 평균 가변 비용이 매우 낮았기 때문에 유튜브에서 나오는 수입이 전혀 없는 상태에서도 버틸 수 있었어요.

셋째, 매번 새로운 소재나 이야기를 재창조하기 쉬웠어요.

 유튜버's Talk ....

처음 시작했던 서프라이즈 에그 콘텐츠였던 '코콕'은 석고알을 만들어내는 것도 매우 힘들었을 뿐 아니라 시청자가 재미를 느낄 수 있도록 매번 다르게 연출하기가 어려웠어요.

....

유튜브 플랫폼은 거의 매일 새로운 콘텐츠를 선보여야 하는 시장입니다. 그렇기 때문에 최소한 어느 정도의 일정한 패턴을 만들 수 없는 콘텐츠라면 만들 때마다 엄청난 창작의 고통을 겪어야 합니다. 이와 반대로 콘텐츠가 너무나 자주 반복되면 창작의 재미 자체를 느낄 수 없게 되죠.

하지만 토이위자드는 촬영 스킬이나 패턴이 어느 정도 정해져 있었던 것에 비해 소재와 구성, 이야기에 얼마든지 변화를 줄 수 있었어요. 이로써 매번 창작하는 데 따른 스트레스는 줄어들었고, 창작자로서 새로운 콘텐츠를 만드는 재미까지 느낄 수 있었어요.

앞서 언급했듯이 저는 마법, SF, 판타지, 호러, 액션 등과 같이 상상력이 가미되거나 역동적인 콘텐츠를 좋아하는 편입니다.

채널명	토이위자드(Toy Wizard)
기획 내용	장난감 인형극 콘텐츠
선택 이유	장난감이라는 통제 가능한 사물로 매번 새로운 이야기를 만들어낼 수 있기 때문에 수입이 없는 상태에서도 오래 버틸 수 있을 것이라 판단함.
준비물	장난감
내용	❶ 장난감이 주연인 애니메이션 ❷ 매번 새로운 스토리(마법, SF, 액션 판타지, 호러 등 장르물 차용)

드디어 성공! 토이위자드 채널 기획안과 영상

57

변신이나 마법 같은 것들이 제 코드에 딱 맞았는데, 이런 이유로 채널 이름도 '토이위자드(장난감 마법사)'라고 짓게 됐어요.

박리다매와 후리소매 이제 기획 단계에서 좀 더 고려해야 할 부분을 알아볼게요. 결과적으로 보면, 저는 전 세계의 어린이를 대상으로 한 콘텐츠를 제작해 '박리다매'로 큰 수익을 얻었어요. 어린이 콘텐츠에 발생하는 엄청난 트래픽을 보고 시작했기 때문에 성공한 후에 충분한 보상을 얻을 수 있었어요.

수익 구조에 대한 고민

돈이 전부는 아니지만, 자본주의 사회에서 돈 만큼 확실한 보상은 없어요. 엄청난 투자와 노력을 들여 유튜브를 운영했고 심지어 엄청나게 낮은 성공 확률을 뚫고 자리잡았는데 콘텐츠를 만들 때마다 적자라면 어떨까요? 수익 구조에 대한 고민 없이 시작한다면 성공하고 나서도 골치가 아플 수 있답니다.

사실 성공한 1% 유튜버가 되는 것은 하늘의 별을 따는 것처럼 어려웠어요. 재능과 노력도 필요하지만 운도 많이 따라야 하죠. 하지만 그 어려운 길을 뚫고도 수익이 보상되지 않는다면 그것만큼 김빠지는 일도 없지 않을까요? 그래서 저는 박리다매든 후리소매든 상관없지만, 반드시 어떤 노선이든 하나는 유지할 수 있어야 한다고 생각해요.

전자의 경우 충분히 큰 시장을 바라볼 수 있어야 하고, 후자의 경우 마니아층을 형성할 수 있어야 해요. 물론, 자주 있는 일은 아니지만 둘 다 가능한 경우도 있죠. 영어권 유명 크리에이터들의 춤이나 방탄소년단 같은 노래 콘텐츠들이 그 예가 될 수 있을 것 같아요.

토이위자드 콘텐츠를 포함한 대부분의 영유아 콘텐츠들은 '박리다매'를 지향했어요. 대부분 비언어적 콘텐츠가 주를 이뤘고, 전 세계 어린이의 코 묻은 조회 수를 가져오는 것이 목표였죠.

아쉽게도 이런 콘텐츠들은 보통의 성인이 보는 채널에서 나타나는 강력한 '팬덤'이 존재하기 어려워요. 이는 채널에 높은 이윤의 광고를 붙여 판매하기 어렵다는 뜻이기도 하죠. 물론,

유튜버's Talk ⋯⋯⋯⋯

박리다매는 적은 이윤으로 많이 파는 것을, 후리소매는 판매량은 적지만 높은 이윤을 붙여 파는 것을 말해요. 박리다매 콘텐츠를 선택했다면, 과감하게 레드오션에 뛰어드는 걸 추천합니다. 대신 나만의 색깔을 담아 퍼플오션의 차별화 전략으로 시장을 개척하고 극복해 보세요.

⋯⋯⋯⋯⋯⋯⋯⋯⋯⋯⋯⋯

핑크퐁의 상어 가족(Baby shark)은 유튜브를 통해 엄청난
조회 수와 팬덤을 형성해 캐릭터 사업까지 발전했지만,
솔직히 개인이 이렇게까지 발전하기는 어려운 일인 것
같아요.

이제는 후리소매 이야기로 넘어가볼까요? 대부분의
사람들이 인기 크리에이터들을 부러워하는 이유는 이들
이 단단한 팬덤을 형성해 인플루언서로서 영향력을 과
시할 수 있기 때문일 거예요. 충성 마니아층이 팬심으로
물건을 구입하는 경우가 많기 때문에 다른 사업까지 확
장할 수 있기도 하고요.

뷰티 유튜버의 사례를 들어보면, 해당 콘텐츠를 시청·구독하
는 사람들은 화장이나 꾸미는 데 관심이 많을 거예요. 따라서
뷰티 제품 업체에서는 수백만 구독자를 가진 장난감 콘텐츠보
다 구독자 수는 적어도 맞춤 타깃인 충성 팬덤을 보유한 뷰티
유튜버에게 제품 홍보 광고를 의뢰하게 되는 것이죠. 특히 유
튜브 콘텐츠의 경우 타깃이 명확하고 효과도 어느 정도 검증됐
기 때문에 강력한 팬덤이 존재하면 광고비가 천정부지로 치솟
게 됩니다.

하지만 이런 콘텐츠의 단점도 있어요. 유명세를 얻은 크리에

이터의 사소한 실수 하나가 치명적인 결과를 불러일으
키기도 하고, 예민한 주제로 콘텐츠를 만들었다가 돌아
올 수 없는 강을 건너는 경우도 있기 때문이죠.

유튜버가 되면 팬들의 반응 하나하나에 신경 써야 하
기 때문에 스트레스가 클 수밖에 없어요. 연예인의 경우 인기
가 많지 않아도 제작자와의 관계가 좋거나 출연료가 저렴하면
TV 출연이 가능하지만, 후리소매형 유튜버는 오로지 팬들의
지지에 의지할 수밖에 없어요. 팬이 떠나면 무대 뒤로 퇴장할
수밖에 없으니까요.

저는 콘텐츠를 시작할 때부터 수익 구조에 대한 고민을 많
이 했어요. 사실 좋아하는 일을 재미로 시도하는 것은 어렵지
않아요. 하지만 아무리 좋아하는 일이라도 직업으로 삼아 오랫
동안 하기 위해서는 반드시 경제적인 보상이 있어야 한다고 생
각해요. 따라서 여러분이 유튜브를 꾸준히 하고 싶다면 반드시
기획 단계부터 수익화 방법까지 고려해보셨으면 합니다.

원하는 영역의 수익 구조를 파악하고 싶다면, 해당 영역에서
자리를 잡은 채널을 분석해 보세요. 영상의 조회 수, 광고를 받
고 제작한 영상, 현재 진행하고 있는 사업 등을 확인해 보는 것
이죠. 이렇게 하면 해당 분야에서 여러분이 성공했을 때 어떤
보상을 받을 수 있는지 대략 예상해 볼 수 있어요.

토이위자드 캐릭터의 변천사

처음에 만든 토이위자드 캐릭터는 전형적인 할아버지 마법사의 모습을 하고 있었어요. 첫 번째 버전인 ❶의 마법사 캐릭터는 검은 옷을 입고 있어서 저승사자의 느낌이 났어요. 아이들이 영상 타이틀만 보고도 울 것 같아 급하게 로고를 바꾸게 됐어요.

처음에 나름 열심히 만든 게 아까워 최대한 얼굴은 살려 놓았어요. ❷ 캐릭터는 확실히 처음보다 덜 무서워 보였지만, 아직 포토샵과 일러스트가 손에 익지 않아 거칠고 삐뚤삐뚤한 느낌이 듭니다. 표정을 넣지 않았더니 무뚝뚝한 할아버치처럼 보이고요.

❸은 마지막까지 사용했던 캐릭터입니다. 최대한 부드럽고 유아적인 느낌을 주기 위해 색깔을 밝은 톤으로 바꾸고 부드러운 선을 사용했어요. 얼굴과 표정을 어떻게 해야 하나 고민을 많이 했는데, 저에게 가장 익숙한 남편의 얼굴을 넣었어요. 남편을 아는 친한 친구들에게 이야기하면 다들 "아~" 하는 반응이 나올 만큼 비슷하답니다.

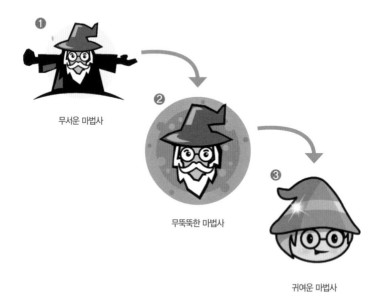

❶ 무서운 마법사

❷ 무뚝뚝한 마법사

❸ 귀여운 마법사

기획안을 영상으로
구현하기까지

누가 볼 것인가?　첫 조카가 태어난 지 50일도 되지 않았을 때, 언니가 맹장염으로 입원한 적이 있어요. 당시 집에서 놀고 있던 백수인 제가 호출돼 일주일간 조카를 보게 됐죠. '귀여운 조카를 실컷 예뻐해 주고 와야지.'라며 마음 편하게 갔다가 이틀 만에 언니 집에서 탈출하고 싶다는 생각이 들었어요.

　　아이를 보는 일이 생각보다 힘들었어요. 조카를 돌보기 전에는 어린아이들에게 스마트폰을 보여주는 부모들을 이해할 수 없었는데, 이 일을 계기로 부모들도 상황에 따라 그들만의 자유 시간이 필요하다는 것을 깨달았어요.

이 경험을 통해 저는 제 콘텐츠를 이용해 '육아에 지친 부모들에게 잠깐의 휴식을 주자.'라고 생각했어요. 그래서 콘텐츠 접근 전략을 약간 수정했죠.

아이의 시청 눈높이를 고려함과 동시에 부모가 안심하고 틀어주고 쉴 수 있는 콘텐츠를 만들어야 했어요. 그렇기 때문에 장난감 전투나 액션 같은 부분도 TV 어린이 프로그램이나 디즈니, 픽사 애니메이션에서 나오는 정도의 수준으로 맞추기 위해 노력했어요.

당시만 해도, '스파이더맨'이나 '엘사'와 같은 유명 디즈니 코스튬을 입고 여자배우의 경우 가슴이 거의 노출된 채로 상황극을 하는 콘텐츠가 많았어요. 심지어 아이들이 부모의 지갑에서 돈을 꺼내 과자를 사먹고, 아이들끼리 서로를 때리는 영상도 있었지요. 겉보기에는 어린이 콘텐츠였고, 엄청난 조회수를 기록했지만 분명 아이들 정서에 나쁜 영향을 끼칠 만큼 심각한 문제가 있는 영상들이었어요.

 유튜버's Talk ‧‧‧‧‧‧‧‧
일정 시간이 지난 후에 이런 영상들은 모두 유튜브에서 계정 삭제를 당하고 말았어요.

제가 만약 단순히 '어린이들이 재밌게 보는 콘텐츠'를 제작해 돈을 벌겠다는 생각을 했다면, 자극적인 방식의 영상을 제작했을지도 모릅니다. 업의 본질을 어떻게 규정하느냐에 따라 전략과 결과가 달라진다는 것에 유념해야 할 것 같아요.

누구와 함께 할 것인가?

저는 유튜브를 운영하면서 다양한 사람과 일해봤어요. 가족, 친구, 지인, 직원들까지 합치면 거의 모든 인간관계의 사람과 일해본 것 같아요. 물론 사람의 일이란 게 '케바케(Case by Case)'인 경우가 많기 때문에 일반화하기 어려워요. 그렇기 때문에 저의 사례와 주변 유튜버를 통해 보고 들은 사례에서 공통적으로 발견되는 부분을 스토리텔링해봤어요. 사례를 통해 누구와 함께하면 좋을지 판단해보셨으면 합니다.

사례 1: 1인 운영 채널

유튜버 A씨는 혼자 영화 채널을 운영하고 있다. 영상을 정기적으로 업로드하고 있지는 않지만, 영화를 보다가 자신이 하고 싶은 말이 생기면 바로 그 내용을 콘텐츠로 정리해 업로드한다. 한 달 수익은 50~100만 원 정도로, 직장을 유지한 상태에서 부업으로는 괜찮은 수준이다. 영상을 편집하고 자막을 넣고, 그에 맞는 효과음이나 음악까지 찾아 쓰는 게 보통 힘든 일이 아니지만 인건비를 아껴야 한다.

또한 원고를 쓰고 난 다음이나 영상을 만든 후 누군가 피드백을 해주면 좋겠는데, 조언을 들을 곳도 마땅치 않다. 유튜브에 업로드한 영상을 시청하는 구독자들의 피드백에 의존해야 하는데, 만약 평이 좋지 않다면 영상을 내리고 다시 올려야 하기 때문에 대부분 그냥 남겨둘 때가 많다. 최근에는 영화 유튜버가 워낙 많아지고, 퀄리티도 높아져 수익이 점점 떨어지고 있다. 얼마 전에는 악플을 보고 나서 슬럼프가 찾아왔는데, 언제 다시 슬럼프에서 빠져나와 영상을 만들 수 있을지 알 수 없어졌다. A씨는 스스로를 다잡기 위해 구독자와 특정 요일, 특정 시간에 영상을 꾸준히 업로드하기로 약속한 후 꾸준히 콘텐츠를 만들어내면서 슬럼프에서 빠져나올 수 있었다.

사례 2: 가족과 함께하는 채널

유튜버 B씨의 채널에서는 가족들이 모두 모여 먹방 콘텐츠를 만든다. 처음에는 혼자였지만, 채널이 인기를 얻으면서 남편이 도와주기 시작했고, 지금은 가족이 다같이 참여해 콘텐츠를 만들고 있다. 처음에 남편과 둘만 했을 때는 장점이 많았다. 남과 같이 일할 때는 '누가 더 많이 했느냐', '누가 더 어려운 일을 했느냐' 등과 같은 문제로 불만이 생기는 경우가 많은데, 남편과 함께하니 서로 배려하고 양보해서 좋았다.

또한 상대적으로 여유 있는 저녁 시간과 주말에 항상 함께 있으니 콘텐츠를 만들 때 필요한 절대적인 시간을 확보하기도 쉬웠다. 가장 좋았던 점은 경제권이 묶여 있기 때문에 '성장'에만 집중할 수 있다는 점이다. 성장을 통해 이룬 수익에 누가 더 많이 기여했느냐로 싸울 필요가 없어 마음이 무척 편했다. 다만, 남편과 의견이 다를 때 누구의 의견을 따를 것인지의 문제로 논쟁이 많았고, 결국 각자의 영역을 나눠 결정권을 보장하기로 합의했다.

이후 채널이 더욱 성장하고 나니 많은 일손이 필요해졌다. B씨의 동생, 오빠 할 것 없이 주변의 가족이 모두 유튜브에 출연하게 됐다. 가족이 함께 추억을 만들면서도 돈을 번다는 것이 무척 매력적인 일이었지만, 힘든 점도 있었다. 함께 새로운 채널을 만들어보려고 했는데, 서로의 사정을 너무 잘 알다보니 이렇게 봐주고 저렇게 봐주다가 일이 잘 진척되지 않았다.

또한 처음에 시작할 때는 구두로 출연료를 합의했다고 생각했는데, 정산할 때가 되자 서로가 생각하는 금액의 범위가 너무 달랐다. 가족이기에 돈 문제에 대해 확실하게 말하기도 어렵고 계약서를 쓰는 게 껄끄러워

그냥 넘어갔는데 이것이 화근이 됐다. 이후 잘 정리됐지만, 그때 당시에 너무 큰 스트레스를 받았던 B씨는 이제 가족이라도 계약서를 꼼꼼하게 쓰게 됐다.

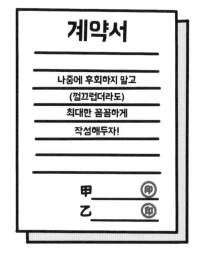

계약서는 꼼꼼하게

어린이 콘텐츠 채널을 운영하는 C씨는 유튜브를 시작할 때 가까운 친구의 도움을 받았다. 처음에는 밥을 사주면서 도움을 받았는데, 지속적으로 일손이 필요해지자 친구를 아예 아르바이트생으로 고용하게 됐다.

채널이 계속 성장하자 친구 역시 재미를 붙이게 됐고, 자신의 의견을 적극적으로 피력하기 시작했다.

하지만 C씨는 보통 자신이 맞다고 생각하는 방향으로 결정했다. 어떻게 보면 C씨의 채널이고, 친구는 아르바이트로 고용된 사람이었기 때문에 당연한 한 것일 수도 있지만, 이러한 일이 반복되자 친구는 은근히 자존심이 상했다.

콘텐츠의 주도권을 갖고 있던 C씨는 '결정'이지만, 친구는 이를 '명령'으로 받아들일 수밖에 없게 되는 것이다.

C씨는 친구의 장점을 잘 알고 있었고, 오랫동안 함께하고 싶었다. 따라서 그들이 찾아낸 방법은 유튜브를 같이 하는 동안은 서로 친구임을 잠시 내려놓고, 직장 상사 또는 파트너 정도의 감정적인 거리를 두기로 했다. 쉽지는 않았지만, 둘 다 그렇게 합의를 하자 전보다 훨씬 마음이 편해졌다. 유튜브를 접게 되면 언제든지 다시 친구로 돌아갈 수 있으므로….

직장인인데, 회사를 그만두고 유튜브를 하고 싶어요!

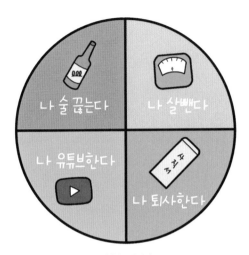

나 술 끊는다

나 살뺀다

나 유튜브한다

나 퇴사한다

직장인 4대 허언

인터넷상에서 떠도는 말이지만, 퇴사와 유튜브 성공은 요즘 많은 직장인의 꿈인가 봅니다. 최근 많은 직장인의 꿈이 '유튜버로 데뷔하는 것'이라고 하죠. 저는 적어도 유튜브 시작 단계에서는 직장을 그만두지 않았으면 합니다. 솔직히 유튜브는 마음만 먹으면, 그리고 콘텐츠를 잘 선택하면 직장을 그만두지 않고서도 충분히 해볼 만하니까요.

유튜브 투잡을 추천하는 이유는 유튜브로 성공하는 것은 엄청나게 률이 낮은 도박 게임에 돈을 거는 일과 같기 때문입니다. 취미로 도전은 해볼만 하지만 보통의 직장인 월급만큼 돈을 유튜브로 꾸준히 벌어들이기는 생각보다 쉽지 않아요. 또한 단기간에 고수익을 낸다고 해도 이 수익이 언제까지 이어질지 알 수 없기 때문이죠.

따라서 직장생활을 하면서 자신의 재능을 충분히 테스트해 보고 채널이 어느 정도 자리잡기 시작했을 때 수익이 꾸준히 나오고 있다고 판단되면 그때 회사를 그만둬도 늦지 않다고 생각합니다.

성공한 수많은 유튜브 크리에이터는 채널의 성공을 위해 엄청난 노력을 쏟고 있어요. 하지만 성공할 수 있었던 이유는 노력만큼 '운'도 따랐기 때문이라고 생각해요.

아직 불확실한 '운'에 자신의 인생을 걸 필요가 있을까요?

사례 4: 타인과 운영하는 채널

타인
장점 : 확실한 공사구분
단점 : 능력, 인성, 신뢰 등
불확실성이 큼

방송기자 D씨는 자신이 속한 방송국에서 새로 런칭한 유튜브 채널의 팀장을 맡고 있다. 그는 팀원들을 뽑기 위해 직접 서류 심사를 하고 면접을 봤다. 자신이 '갑'이고, 지원자들이 '을'이기 때문에 위계질서가 확실히 잡혀 있어 일을 시킬 때 무척 편했다.

D씨가 특히 좋았던 점은 일의 진행 속도가 빠르다는 것이었다. 팀원과 서로 합의한 일을 정해진 기한에 맞춰 결과물을 만들어왔다.

다만, 팀원이 한두 명이 아니다 보니 이들에게 일을 분배하고, 관리하는 일이 새로운 스트레스가 됐다. 누군가 '직원을 고용해 줄어드는 스트레스와 관리하면서 생기는 스트레스의 총합은 같다.'라고 하더니 정말 그랬다.

운 좋게 유튜브 채널이 잘 성장했고 또 새 팀원을 뽑아야 한다. 하지만 신규 입사자가 우리 팀에 잘 어울릴지, 시킨 업무를 잘 해낼지에 대한 불안감이 든다. 사람은 겪어보기 전엔 알 수 없으니 확언할 수는 없지만, 리스크를 줄이기 위해 면접 전에 포트폴리오를 꼼꼼하게 살펴보고, 면접을 볼 때 최대한 신중할 수밖에 없다. D씨는 수습 기간도 정해 능력과 인성에 대한 불확실성에 대비하고자 한다.

저는 ○○ 기술이 없는데, 잠깐 아웃소싱할 수 없을까요?

영상은 시청각 자료이기 때문에 단 하나의 영상을 만들더라도 다양한 재능이 요구됩니다. '크몽'은 자신에게 없는 재능을 단발적으로 구매할 때 가장 좋은 사이트라고 생각합니다. '적정한 가격'이라는 것을 짐작하기 힘든(?) 콘텐츠 시장에서는 부르는 게 값이라서 필요한 재능이 있어도 선뜻 견적을 문의하기가 힘들어요. 크몽의 경우 포트폴리오를 공개하고 그 작업에 대한 단가를 미리 책정해놓고 있어요. 그렇기 때문에 의뢰할 작업물에 대한 퀄리티와 그에 따른 비용을 예측할 수 있죠.

저는 채널의 타이틀을 읽어줄 영미권의 남자 어린아이의 목소리를 원했어요. 설마 찾을 수 있을까 싶었는데 운 좋게 크몽 사이트에 올라온 샘플 중에서 원하는 목소리를 찾을 수 있었어요. 한국인 성우뿐 아니라 영어, 일본어, 중국어 등 다양한 원어민을 확보하고 있었죠.

크몽에서는 성우 목소리뿐 아니라 포토샵과 일러스트를 활용한 이미지 작업이나 타이틀 제작, 영상 작업, 음향이나 작곡 등의 준프로들도 만날 수 있어요. 한마디로 유튜브 제작에 필요한 거의 모든 재능을 만날 수 있죠. 비용은 각 재능과 퀄리티마다 다르지만, 하이 아마추어에서 준프로 정도되는 전문가들이 다수를 차지하고 있어요. 유튜브 콘텐츠 정도의 영상을 만드는 데 적당한 퀄리티에 부담스럽지 않은 가격으로 작업하실 수 있답니다.

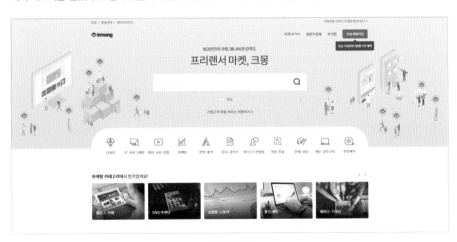

크몽 웹 사이트

아이디어를 어떻게 구현할 것인가?

방송국에서 콘텐츠를 제작하는 직군에는 크게 PD와 방송기자가 있어요. 저는 운 좋게도 방송국에서 일하는 동안 PD, 기자 두 직군과 모두 일을 해본 경험이 있었죠. 시사 교양 부문에 한정해봤을 때 두 직군은 서로 비슷한 콘텐츠를 만드는 것처럼 보였는데, 일하는 방식에서 조금 차이가 있었어요. 이번에는 콘텐츠를 구현할 때 이 두 직군이 사용하는 방법을 유튜브 콘텐츠에 맞게 소개해드릴게요.

PD식 vs. 기자식

 유튜버's Talk ·········

방송국에서는 'PD는 컷을 잘 쳐야 한다.'라는 말이 있는데, 좋은 그림을 적재적소에 잘 쓰는 것이 PD가 가진 중요한 자질 중 하나라는 말인 것 같아요.

·························

'머릿속에 있는 아이디어를 어떻게 구현해내는 걸까?' 방송국에서 일하기 전에 제가 자주 했던 질문입니다. 현장에서 일을 해보니 PD의 경우 간단한 구성안을 짜서 촬영한 후 이에 맞게 내레이션, 자막 등을 입히는 방식으로 콘텐츠를 만들더라고요. 즉, 그림을 먼저 만든 후 그에 맞게 내용을 입히는 방식을 채택하고 있는 것이죠.

반면, 기자는 어느 정도 내용을 구성해 전체적인 글을 먼저 완성한 후 그에 맞는 영상과 자료를 입히는 방식을 사용합니다(내용, 글 중심). TV 뉴스를 보면 가끔 의미 없어 보이는 장면들이 나오곤 하는데(거리에 사람들이 걸어다니는 장면 등) 내용에 맞는 촬영 영상이 없을 때 영상을 이러한 이미지컷으로 처리하곤 합니다.

제 경우 시사 콘텐츠를 만들 때는 기자식을 선호했어요. 미리 들어갈 대본에 맞춰 그에 맞는 그림이나 영상을 찾는 방식이었죠. 반면, 토이위자드처럼 글과 말보다는 이미지만으로 상황을 전달하는 경우에는 PD식을 선호했어요. 그림을 모두 찍어놓고 그에 맞는 대사나 효과음으로 상황을 전달하려고 노력했지요.

모든 콘텐츠를 만들어본 것은 아니기 때문에 확신하긴 어렵지만, 저는 브이로그나 여행 콘텐츠 같은 이미지, 영상 중심의 콘텐츠의 경우에는 PD식, 정보가 많은 각종 리뷰 콘텐츠의 경우에는 기자식으로 작업하는 게 효율적이라고 생각합니다.

PD식과 기자식

영상 제작 프로세스

기획안이 채택되고 구현하고자 하는 콘텐츠가 어느 정도 머릿속에 그려졌다면 어떤 프로세스로 영상을 만들어야 할까요?

첫째, 아이디어에 대한 정보를 탐색해봅니다. 머릿속에 맴도는 영상을 그대로 만드는 것도 좋지만, 이왕이면 유튜브 콘텐츠나 블로그, 페이스북 페이지 등의 정보에 내 아이디어를 더하는 것도 좋은 방법이라 생각해요. 트렌드를 파악할 수 있고, 전에는 미처 생각하지 못했지만 다른 사람의 아이디어에 자극을 받아 더 좋은 아이디어가 나올 수도 있기 때문이죠.

둘째, 구현해보고 싶은 아이디어가 나왔다면 간단히 어떤 그림과 영상으로 표현하고 싶은지 그려봅니다. 이러한 작업을 광고나 영화에서는 '콘티(스토리보드)를 그린다.', 방송국에서는 '구성안을 짠다.'라고 표현합니다.

혼자 간단히 찍을 수 있는 영상의 경우에는 굳이 이런 작업이 필요하진 않지만, 여러 명이 출연하거나 다양한 연출이 들어가는 영상의 경우에는 작업의 효율성을 위해 콘티를 그리는 것이 좋아요. 콘티를 촬영에 참여하는 모든 사람이 공유하면 촬영에 드는 시간과 노력을 훨씬 줄일 수도 있어요.

셋째, 내레이션이나 글 위주의 정보성 콘텐츠는 정보를 취합하고 정리해서 내용을 글로 적어봅니다. 소위 '대본을 적는 작업'입니다. 이런 류의 콘텐츠에는 대부분 더빙이 들어가므로 자신의 평소 말투와 호흡, 습관을 잘 고려해 적어두는 게 좋아요. 그렇지 않을 경우 소리내어 읽을 때 발음이 꼬이고 읽은 내용을 들어보면 어쩐지 어색하게 느껴지기 때문입니다.

넷째, 촬영을 합니다. 대다수 유튜브 콘텐츠의 경우에는 촬영이 영상의 주요 소스가 됩니다. 주로 카메라나 캠코더로 촬영하는데, 처음에는 소유하고 있는 휴대폰 카메라로 영상을 찍어도 충분하다고 생각합니다.

다섯째, 편집 확보된 영상 소스을 활용해 영상, 음향, 자막 등을 합치는 작업을 합니다. 주로 프리미어프로, 파이널 컷과 같은 프로그램을 이용하지만, 간단한 콘텐츠의 경우에는 휴대폰 편집 앱을 이용해도 됩니다.

여섯째, 섬네일을 만듭니다. 영상을 '제품'이라 한다면, 섬네일은 '포장지'라고 할 수 있어요. 디자인이 예쁜 제품에 눈길이 가듯, 잘 만든 섬네일은 클릭률을 높이는 데 큰 역할을 합니다.

토이위자드의 스토리보드를 공개합니다!

제목 : 타임포탈에 빠져 해골 뼈다귀가 되다   촬영일 :   작성자 : 킴사장

순서	비디오 (콘티 이미지)	내용 설명	오디오 (효과음/배경음악)	대사
1		페파규조대 3마리가 한가롭게 놀고 있음	명랑한 음악	헐로~ 활기찬 웃음소리
2		파랑색 수조를 발견하고 안에 들어가서 재밌게 논다		재밌어서 환호성 지르는
3		악당 1이 등장. 페파규조대 골탕 먹일 계획을 짠다	음악 톤 바뀜. 살짝 무겁게	음흉한 미소. "아이 갓 언 아이디아"
4		성문에 마법을 건다 곧 공간이동을 할 수 있는 타임포탈이 생긴다	마법 효과. 소리 뾰로롱하게	
5		페파규조대 타임포탈 발견하고 신기해한다 곧 빨려 들어간다		놀라는. "왓 이스 댓?"

순서	비디오 (콘티 이미지)	내용 설명	오디오 (효과음/배경음악)	대사
6		피피구조대 3마리가 타임포탈에 빨려 들어감	삥삥삥 빨려 들어가는	"오, 마이 갓"
7		몸이 뼈다귀가 되어버림 친구들에게 구조요청	긴급한 음악	"헬프 미"
8		타임포탈 안의 악당 2 그를 물리치는 피피친구들		"돈 워리 아윌 헬프 유"
9		저주에서 풀려남. 다시 원래 상태로 돌아온 피피구조대	다시 밝은 음악	
10		피피구조대 악당 1,2 공격, 평화를 찾는다		기뻐하며 웃는 "굿바이"

유튜버's Talk

스토리보드 양식은 고정돼 있는 것이 아니기 때문에 본인의 콘텐츠에 맞게 고쳐 쓰세요. 비디오를 보여주는 그림에서 빨간색으로 나타낸 부분은 움직임을 나타냅니다. 카메라 무빙에 익숙하지 않다면 카메라의 움직임을 파란색으로 미리 표시해두는 방법도 있어요.

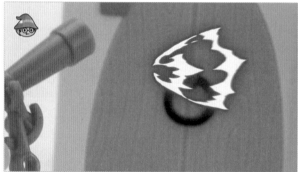

스토리보드 4번 그림

스토리보드 6번 그림

유튜버's Talk

'악당이 성문에 마법을 걸고, 공간 이동을 할 수 있는 타임포털이 생긴다.'라는 내용입니다. 악당이 레이저건을 이용해 성문에 마법을 걸었어요. 마법 느낌이 나는 비디오 소스를 활용해 레이저를 쏘는 듯한 느낌을 주고 다음 컷에는 성문에 비디오 소스를 합성해 타임포털을 만들어줬어요.

배경에는 타임터널의 느낌이 나는 영상 소스를 쓰고, 앞에 있는 캐릭터는 사진을 찍어 회전시켰어요. 영상을 보면 캐릭터가 회전하면서 작아지는데, 마치 가운데 구멍으로 빨려들어가는 느낌이 듭니다.

일곱째, 유튜브 콘텐츠는 영상으로 이뤄져 있기 때문에 유튜브의 추천을 받기 위해서는 영상에 대한 정보가 필요합니다. 영상에 나타나지 않는 엉뚱한 정보를 반복적으로 입력하면 수익 창출 불가 또는 채널 삭제를 당할 수 있으니 주의하세요!

**연출,
그것이 알고 싶다**

사실 무엇으로 촬영하느냐보다 중요한 것은 '어떻게 연출하느냐'입니다. '토이위자드'를 시작할 당시만 해도 장난감을 이용해 콘텐츠를 만드는 채널은 이미 많았어요. 당시에는 1인칭 시점으로 카메라를 고정시켜 거치한 후에(마치 어린이 인형극처럼) 장난감을 손으로 가지고 노는 것이 주를 이뤘죠. 카메라를 한 곳에 고정시켰기 때문에 다양한 컷을 사용하지 못하고, 화면을 확대하거나 축소하는 정도의 정적인 영상이 많았어요.

만약 제가 이런 채널과 비슷한 느낌의 영상을 목표로 삼았다면 휴대폰과 휴대폰 삼각대 그리고 약간의 조명 기구만 있었다면 충분했을 거예요. 하지만 저는 단순히 장난감 리뷰 형태보다는 좀 더 역동적인 액션 장면이 많은, 어떻게 보면 액션 영화의 주인공만 유명 배우에서 장난감으로 바뀐 동적인 영상을 만들어보고 싶었어요.

그렇기 때문에 액션 영상을 촬영 기법에 관련된 책을 많이 읽었어요. 액션 영화나 드라마 또는 역동적인 애니메이션 영상을 보면서 많은 고민을 했죠. 카메라, 조명

 유튜버's Talk ·········

틈만 나면 액션 영화를 보면서 참고할 부분을 메모했어요. 또한 할리우드 블록버스터처럼 특수 효과와 세트 구성은 못하더라도 인터넷에서 쉽게 찾을 수 있는 영상 소스나 플러그인 등을 활용해 어떻게 구성하면 영화를 흉내낼 수 있을지 생각해봤어요. 그리고 이것이 실제로 구현되는지 테스트하기 위해 몇 초짜리 짧은 영상을 찍어 편집해보는 방식으로 공부했어요.

·····················

과 같은 개별 장비의 스펙은 어떤지, 가격은 어떤지를 따지기 전에 '장난감을 이용한 액션 판타지물'이라는 결과물을 만들기 위한 기본 촬영 방법을 공부했던 겁니다.

1단계. 아이디어 스케치하기

어떤 캐릭터로, 어떤 내용의 영상을 만들 것인지를 고민하는 단계입니다. 저는 주로 애니메이션이나 영화, 다른 유튜버의 영상을 보면서 아이디어를 얻었어요. 매번 내용 전체의 콘셉트나 주제를 잡는 것이 가장 어렵습니다!

2단계. 재료 찾기

아이디어가 어느 정도 구상이 됐다면, 그 안에 사용할 재료를 찾는 단계입니다. 나름대로 열심히 정리해뒀지만 장난감이 엄청나게 많아서 가끔 필요한 물품을 찾지 못하는 경우도 생깁니다. 컴퓨터의 파일들을 라벨링하듯 각종 소품도 규칙을 세워 정리해두면 시간을 훨씬 절약할 수 있어요.

3단계. 스토리보드 만들기

 유튜버's Talk ·········

토이위자드는 야외 촬영도 많이 했는데, 야외 촬영은 실내 촬영보다 체력 소모가 최소 2배 이상이었어요.

·····························

머릿속에 그림을 그려놓고 촬영을 시작해도 막상 하다 보면 막힐 때가 있어요. 눈부시게 밝은 조명 앞에서 '멘붕'이 오면 체력 소모가 심할 수밖에 없죠. 그렇기 때문에 촬영을 수월하게 하기 위해 간단한 그림을 그려 촬영 방법을 다시 한번 정리하려고 노력했어요.

4단계. 섬네일 찍기

기존 유튜버와는 조금 다른 순서입니다. 보통 영상을 만들고 이를 잘 표현해줄 수 있는 섬네일을 만들기 마련인데, 토이위자드는 섬네일이 무척 중요했기 때문에 가급적 섬네일을 먼저 찍거나 만들어놓고 그것이 괜찮다고 생각될 때 촬영했어요.

5단계. 섬네일 제작하기

 유튜버's Talk ········

표정은 한 번 만들어두면 계속 써먹을 수 있어서 표정들만 모아놓은 일러스트 파일을 만들어놓고 여러 번 활용했어요.

· ·

섬네일을 제작할 때는 주로 포토샵을 이용했어요. 신기한 이미지를 만들려면 다양한 합성이 필요했기 때문이지요. 특히 각종 이미지나 일러스트를 활용해 캐릭터에 없는 각종 표정을 살리려고 노력했어요.

6단계. 영상 찍기

섬네일이 마음에 들면 영상을 찍기 시작합니다. 처음에 시작할 때만 해도 한 편당 3시간씩 걸려 촬영했는데, 노하우가 쌓이다 보니 20분 내외로 단축할 수 있었어요. 장난감 콘텐츠의 경우 기본적인 기승전결이 갖춰져 있고 내용도 단순합니다. 또한 주 재료가 장난감이라서 촬영하기가 수월했어요.

7단계. 영상 편집

유튜버's Talk ········

효과음 작업이 가장 오래 걸렸는데, 대략 1~2시간은 소요됐어요..

·····················

프리미어 프로를 이용해 영상을 편집합니다. 각종 이미지와 비디오 이펙트를 넣는 작업을 한 후 효과음을 넣어요. 효과음의 경우 살아 있는 듯한 느낌을 주기 위해 거의 매 초마다 삽입했어요.

8단계. 피드백

편집이 완성되면, 영상을 살펴보면서 피드백을 하는 시간을 가져요. 개인적으로 이 시간을 가장 중요하게 생각했어요. 5시 20분경 모든 일과를 마치고, 사무실의 모든 사람이 모여 영상을 보고 이야기를 나누는 시간을 가졌어요. 수정할 부분을 체크하고, 좋은 점과 아쉬운 점을 솔직하게 말하려고 노력했어요. 보통 5시 40분 정도되면, 간단하게 수정해놓고 퇴근 준비를 합니다.

9단계. 렌더링

편집이 완성되면 렌더링을 합니다. 랜더링이란, 편집된 모든 파일을 하나로 합치는 과정을 말합니다. 영상마다 다르지만, 대략 10~15분 정도 걸렸어요. 보통 직원들이 퇴근 직전에 렌더링 버튼을 눌러놓고 가면 제가 확인을 하거나 마무리하곤 했어요.

10단계. 업로드

완성된 영상 파일을 유튜브에 업로드합니다. 제목과 설명, 메타데이터를 넣는 과정입니다. 어린이 콘텐츠의 경우 제목과

끝이 없는 최종 파일

영상 설명이 철저히 '키워드' 중심입니다. 파파고나 구글 번역기를 사용해 대략 20여 개국의 언어로 번역했어요. 이 과정에서 문법을 확인할 수 있어요. 마지막에 이미지 파일 형태의 섬네일을 넣으면 업로드 끝!

카메라 화면 구성에 따라 달라지는 연출력

같은 장면이라도 카메라 화면을 어떻게 구성하느냐에 따라 전달력이 달라집니다. 피사체의 위치와 배경을 달리하면 효과를 극대화할 수 있죠.

유튜버's Talk

《ENG 방송 연출 편집론》(김도현, 한울아카데미)은 책 표지만 봐도 따분해 보이지만, 연출과 편집에 대한 많은 것을 배울 수 있어요. 연출 전문가들도 참고할만큼 실무자의 눈높이에 맞춘 연출과 편집 비법이 소상하게 적혀 있는 것이 특징입니다.

암흑기가 찾아오다

콘텐츠를 처음 기획할 때만 해도 내 아이디어가 최고인 것 같고, 몇 번 만들다 보면 대박이 날 것 같은 기대감을 생겨요. 따라서 작업 초반에는 이런 기대감 때문에 밤을 새도 힘들다는 생각이 들지 않곤 하죠. 하지만 아무도 보지 않는 콘텐츠를 몇 달 동안 매달려 만들다 보면 '내가 뭘 하고 있는 거지?' 하는 회의감과 '언제쯤 누군가 내 콘텐츠를 보게 될까? 그런 날이 영원히 오지 않는 건 아닐까?' 하는 불안감이 밀려오게 됩니다.

버티기 어려운 이유

저 역시 이런 시간을 6개월 넘게 견뎌야 했어요. 유튜브를 운영하면서 가장 힘들었던 암흑의 시간이지만, 이 시간을 어떻게 보내느냐에 따라 콘텐츠의 질을 획기적으로 높일 수 있는 황금의 시간이 될 수도 있다고 생각합니다.

아이디어 고갈

일주일에 2~3번 또는 거의 매일 영상이 새로 업로드되는 유튜브 채널의 특성상 아이디어 고갈은 피할 수 없는 시련입니다. 저 역시 토이위자드를 시작하고 얼마 되지 않아 금방 밑천이 드러나고 말았어요. 혼자 생각해 만들 수 있는 콘텐츠에는 한계가 있었고 어떻게든 외부에서 다른 아이디어를 끌어와야만 했어요.

저의 경우 처음 시작할 당시만 해도 다른 유튜버와는 차별화된 영상을 만들어야겠다는 생각이 강했어요. 방송국에서 일해본 제가 타 유튜버들의 콘텐츠를 보고 따라 하려니 자존심이 상하기도 했어요. 그래서 다른 유튜브 채널을 보기보다는 액션 영화나 애니메이션을 보면서 영감을 얻으려고 노력했어요.

채널이 자리잡고 난 후에는 트렌드의 중요성을 깨달은 상태였기 때문에 완전히 독자적인 노선을 걷진 않았어요. 절반 정도는 순수 창작 콘텐츠, 나머지 절반 정도는 당시 유행하는 재료나 소재에서 아이디어를 얻어 재창조해보는 방식으로 영상을 제작했어요. 채널의 정체성을 유지하면서도 트렌드를 따라갈 수 있어서 유효한 전략이었다고 판단됩니다.

쉬어도 피곤한 이유

타깃층이 뭘 좋아하는지 잘 모르겠어요!

유튜브는 기성 미디어와 달리 타깃층이 확실한 플랫폼입니다. 핵심 타깃을 설정해 그들을 만족시키는 콘텐츠를 만들다가 점점 외연을 넓히면서 구독자 수를 늘리는 것이죠. 제가 시작했던 키즈 채널의 경,우 전 세계를 대상으로 엄청난 뷰 수익을 기대해볼 수 있었다는 점에서 매력적인 시장이었어요. 하지만 싫증을 잘 내는 아이들의 특성상 유튜브의 추천 시스템에 기대 매번 새로운 타깃을 확보해야 하는 어려움이 있었죠.

유튜버's Talk ⋯⋯⋯⋯
유튜버 간의 경쟁이 갈수록 치열해지면서, 콘텐츠의 날카로움(포인트)은 점점 중요해질 거예요. 모두를 만족시키려면 아무도 만족시키지 못하고, 한 사람을 만족시키면 모두를 만족시킬 수 있다는 점을 꼭 기억하세요.
⋯⋯⋯⋯⋯⋯⋯⋯⋯⋯⋯⋯⋯

청소년을 대상으로 한 콘텐츠는 어떨까요? 한국의 경우 학업에 지친 청소년이 학원이나 학교에서 짬짬이 유튜브를 시청하고 있어요. 자리잡으면 뷰가 폭발적으로 나오는 편이죠. 그 이유는 청소년들의 경우 또래집단의 영향을 많이 받기 때문입니다. 학교에서 친구들과의 대화에 끼려면 취향에 맞지 않더라도 또래가 많이 보는 콘텐츠를 보게 될 수밖에 없죠.

유튜버's Talk ⋯⋯⋯⋯
'급식왕'이나 '웃소' 같은 채널이 청소년에게 어필하고 있으니 참고해볼 수 있을 것 같아요. 성인들보다는 확실히 경쟁이 덜 치열하다는 장점도 있어요.
⋯⋯⋯⋯⋯⋯⋯⋯⋯⋯⋯⋯⋯

다음은 성인 타깃의 콘텐츠입니다. 사실 유튜브 콘텐츠의 대부분이 20대 이상을 대상으로 한 콘텐츠들이에요. 20대 이상부터는 나이보다는 주제에 따라 타깃이 갈리는 것 같아요. 레드오션이라 볼 수도 있지만, 그 안에서 새로운 콘텐츠들을 접

목하고 비틀 수 있기 때문에 포기하기는 이르다고 생각합니다. 개인적으로 끼와 재능, 아이디어만 있다면 콘텐츠를 만드는 만족감과 수익적인 부분을 동시에 챙길 수 있는 매력적인 시장이라고 생각합니다.

저의 경우 처음 시사 콘텐츠를 할 때는 저와 비슷한 또래거나 비슷한 흥미를 느끼고 있는 사람이 콘텐츠의 타깃층이었기 때문에 그들을 이해하는 것이 어렵지 않았어요. 하지만 아이를 낳아본 적이 없는 제가 어린이 콘텐츠를 시작하면서 가장 어려웠던 점은 '그들이 뭘 좋아하는지 모른다는 것'이었어요.

따라서 현장을 직접 방문하면서 얻은 아이디어도 많았어요. 지역아동센터 봉사활동을 하면서 어린이들과 많은 대화를 나눈 것이 큰 도움이 됐어요. 사실 당시만 해도 장난감을 갖고 노는 아이들의 연령대에 대한 이해가 없었기 때문에 제 어린 시절의 기억을 떠올려 초등학교 저학년 정도의 가상 인물로 타깃층을 잡고 있었어요. 하지만 아이들을 실제로 만나보니 이미 초등학교 저학년 아이들은 유치원에서 장난감 놀이를 '졸업'했고, 게임 방송을 시청하고 있었어요.

이처럼 직접 타깃층이 되는 아이들을 만나보지 않았다면, 잘못된 타깃을 대상으로 영상을 계속 제작하는 우

 유튜버's Talk ·········

《콘텐츠의 비밀 - 지브리 스튜디오에서 내가 배운 것들》(가와카미 노부오, 을유문화사)은 저자가 스튜디오 지브리에서 수습 프로듀서로 일하면서 연구한 콘텐츠 기획과 창작 기법, 차별화 전략 등이 정리돼 있어요. 콘텐츠를 기획하는 사람뿐 아니라 애니메이션을 좋아하는 일반인들도 재밌게 즐길 수 있는 책입니다.

· ·

를 범할 뻔 했지요.

악플에 슬기롭게 대처하는 방법

 유튜버's Talk ·········

어딜 가나 좋은 사람도 있고 이상한 사람도 있는 것이기에 대책 없는 나쁜 댓글에 대해서는 신경조차 쓰지 않았죠. 하지만 악플보다 무서운 것은 팩트를 폭격하는 댓글이에요.

·····························

암흑기에는 사실 반응이 크게 없어 댓글이 잘 달리지 않았지만, 그 와중에서도 마음을 아프게 하는 댓글이 있었어요. 구독자가 10명이 넘지도 않던 때였는데, 다음과 같은 댓글이 하나 달렸어요.

"어디선가 본 콘텐츠 같은데…."라는 댓글 표면상으로 전혀 공격성이 없어 보였지만, 마음이 뜨끔했어요. 당시 독자적인 콘텐츠를 만들기 위해 신경을 많이 쓰고는 있었지만, 가끔 남의 콘텐츠를 따라해볼 수밖에 없기도 했는데, 어떻게 그걸 딱 눈치채고 피드백을 해줬기 때문이죠.

무플이나 악플은 그냥 무시할 수 있어도 팩트 폭격을 하는 댓글을 한 번 보게 되면 며칠 동안 머릿속을 맴돌았어요. 아직까지 생각나는 걸 보면 그 당시 충격이 꽤나 컸던 것 같아요.

누군가 내가 만든 콘텐츠 또는 나에 대한 비판을 하는 것을 직접 마주 하는 것은 쉬운 일이 아니예요. 저는 유튜브 초반에 댓글 때문에 몇 번 상처를 받은 후 댓글을 잘 읽지 않았어요. 가끔 유튜브 콘텐츠를 보다 보면, 자신의 영상에 달린 댓글을 모두 읽는다는 유튜버도 있는데, 개인적으로 정말 대단하다고 생각합니다.

그렇다면 멘탈 보호를 위해 댓글을 읽지 않는 것만이 능사일까요? 사실 댓글은 시청자들의 피드백을 직접 받아볼 수 있다는 점에서 내 콘텐츠에 대한 반응을 확인할 수 있는 가장 좋은 방법입니다. 채널에 대한 방향성과 아이디어를 제공해주는 건전한 누리꾼도 많기 때문이죠.

제가 찾은 가장 좋은 방법은 콘텐츠에 심리적인 거리를 둘 수 있는 제3자에게 댓글 모니터링을 부탁하는 것입니다. 제 경우는 멘탈이 초특급인 남편이 이 역할을 맡아줬어요. 남편은 댓글을 읽고 말도 안 되는 악플은 신고해주고, 의미 있는 댓글은 정리해서 알려줬어요. 또 댓글을 통해 얻은 소중한 의견을 콘텐츠에 녹일 수 있는 방법에 대해 함께 많은 이야기를 나눴고요.

여러분에게 애정이 있는 멘탈 강한 지인이 있다면 모든 상처를 감내하지 말고 꼭 부탁해보세요! 악플 때문에 받을 정신적 상처를 줄일 수 있고, 의미 있는 피드백도 얻을 수 있는 1석 2조의 효과가 있답니다!

우연의 일치인지는 모르겠지만, 실제로 유튜브 관리자 메뉴에서 특정인에게 채널 게시판만 관리할 수 있는 권한을 줄 수 있어요. 유튜브에서도 이러한 사실을 미리 알았던 걸까요?

악성 댓글, 법의 쓴맛을 보여주려면?

❶ 악플러가 받을 수 있는 처벌은?

- **모욕죄**: 상대방에 대한 욕이나 조롱 또는 나쁜 평가를 하는 등 구체적인 사실을 적시하지 않고 추상적 판단, 경멸적 감정 표현 등을 언급할 때 성립
- **명예훼손죄**: 허위 사실이 아니라 진실한 사실이라도 공공연하게 이야기하는 것이 당사자의 사회적 명예를 훼손하는 것이라면 성립

❷ 악플러 고소 방법

- 해당 악성 댓글이 게시된 웹페이지와 댓글의 내용을 캡처(PDF 파일 저장이 원칙)
- 악성 댓글 작성자의 신원 파악(아이디, 아이피 주소, 실명 등을 파악하는 것이 필수)
- 고소장에 고소인의 인적사항과 고소 사실(악성 댓글 내용)을 기재
- 고소인의 주소지 기준으로 관할 경찰서, 검찰청으로 고소장 제출

❸ 유튜브 악성 댓글러, 어떤 처벌을 받나?

운 좋게 악성 댓글 작성자의 아이디를 알고 있다고 하더라도 현실적으로 유튜브와 페이스북, 트위터 등의 해외 사이트들은 인적사항을 제공해주지 않습니다. 즉, 정확한 가해자를 특정하기 어렵기 때문에 처벌할 수 없는 경우가 많아요. 안타깝게도 그들의 인적사항을 파악하게 되더라도 가해자가 초범인 경우, 기소유예로 끝나는 경우가 많습니다.

초기 자본이 떨어져가다

방송 작가 생활을 하면서 '위자드웍스'라는 기업의 공동 창업자 중 한 명을 만난 적이 있었어요. 그때 그분은 당시 보유한 현금만 130억 원이 넘었는데도, 새로 사업을 시작하고 나니 돈이 점점 줄어들고 있다는 사실에 겁이 났다고 하셨어요. 130억 원에 비할 바는 아니지만, 당시 인생에서 가장 많은 돈을 손에 쥐고 있었던(3,000만 원) 저도 순식간에 줄어드는 통장 잔고를 보면서 그 감정을 처음 이해하게 됐어요.

사무실 겸 주거 공간을 준비하면서 대략 500만 원에 가까운 금액을 쓰고, 각종 장비를 사고 나니 또 500만 원이 줄어들어 있었어요. 매달 숨만 쉬어도 나가는 라이선스, 공과금, 전기, 통신비도 부담스러웠죠. 토이위자드를 시작하기 전에도 각종 콘텐츠를 실험해본다고 많은 돈을 지출했기 때문에 토이위자드 시작 시점에는 1,000만 원 정도의 금액밖에 남아있지 않았어요.

돈의 압박

각종 고정 비용, 약간의 생활비, 30만 원 어치의 장난감만 구매해도 10달을 버티기가 빡빡한 상황이 됐어요. 돈에 대해서는 상대적으로 초연한 편이라 생각했는데, 수입이 없는 상태가 지속되다 보니 작은 금액의 지출에도 심리적인 압박을 느꼈고 장난감 하나를 살 때도 실수하면 안 된다는 생각에 쇼핑 카트에 몇 번이고 담았다가 비우는 행동을 반복해야 했어요.

제 경우 다행히 이 돈이 전부 떨어지기 전에 첫 수입이 생겼고(약 40만 원), 그 다음 달에는 정확히 두배가 늘어 80만 원이 됐어요. 어떻게 보면 작은 돈이라고 할 수 있지만, 당시 떨어져가는 통장 잔고를 기적적으로 채워준 소중한 수익이었어요.

나는 유튜버일까, 백수일까?

전업 유튜버 준비생은 겉보기에 백수와 다를 것이 없어요.

 유튜버's Talk ·········

처음 시작할 때만 해도 매일 아침 9시면 컴퓨터 수업을 수강하면서 열심히 살기 위해 노력했지만, 무더운 여름이 되고 학원의 커리큘럼이 끝나자 생활 패턴이 완전 망가지고 말았죠.

생활 전반의 긴장감이 사라지니 일하는 시간도 늘어지기 시작했어요. 혼자 편집하는 경우 2시간이면 끝낼 일을 4시간 또는 6시간까지 늘어나게 됐어요. 몇 분 편집하다가 휴대폰을 보고, 다시 몇 분 편집하다가 신문 기사를 읽는 식이었죠. 어느 순간 문제 의식을 느끼고, 스톱워치를 사용해 마감 시간을 정하는 식으로 작업을 진행하니 집중해서 일을 끝내는 데 도움이 됐어요.

95

좀 더 구체적인 팁을 드리면, 저는 '구글 타이머'라는 시계를 이용했어요. 구글에서 회의 시간이나 프로젝트를 추진할 때 활용한다고 해서 유명해진 시계죠. 타이머를 맞추면 남은 시간이 빨간색으로 표시되는데, 남은 시간을 직관적으로 파악할 수 있다는 장점이 있어요. 저는 30분 단위로 끊어서 일을 했어요. 중간에 쉬는 시간은 충분히 확보해 심리적인 부담감을 덜어내려고 노력했어요. '오늘은 6시간 동안 일해야지.'라고 생각하면 시작하기가 쉽지 않아요. '30분만 집중해서 일하고 놀자.'라고 생각으로 작업을 시작하는 것이 훨씬 수월했어요. 이를 12번만 반복하면 되니까요.

 유튜버's Talk ········
초등학교 1학년도 40분 동안 수업하는데, 30분이면 충분히 할 만하지 않나요?

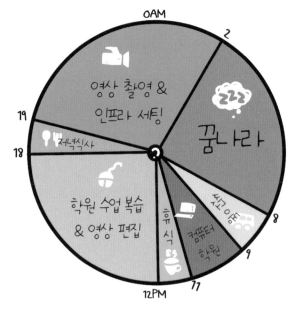

유튜버 생활계획표

또 다른 방해자는 바로 TV 드라마였어요. 저는 일단 한번 콘텐츠를 접하면 재미가 있든 없든 처음부터 끝까지 챙겨보는 습관이 있어요. 결국 저는 집에 있는 TV를 없앴고, 자연스럽게 드라마에 노출될 기회를 줄일 수 있게 됐어요.

마지막으로 이 기간 동안 제가 가장 많이 신경을 썼던 것은 바로 '생활 단순화하기'였어요. 전업 유튜버의 삶은 사실 백수의 삶처럼 자유가 많다 보니, 여러 군데 신경을 쓰게 되면 하는 것도 없이 바빠지게 됩니다. 하는 것도 없이 바쁜 것이 좋지 못한 이유는 바로 '내가 열심히 살고 있다.'라는 무서운 착각을 불러일으키게 되기 때문이죠.

저 역시 살다 보니 인생을 효율적으로 사는 것은 시간 단위로 쪼개 쓰며 바쁘게 사는 것이 아니라, TV, SNS, 쇼핑 등 덜 중요한 것을 과감하게 덜어내는 것이라는 걸 깨달았어요. 생활을 단순화하니 정신적·시간적인 여유가 많아졌고, 이 심심한 시간 동안 누워서 많은 공상을 했어요. 공상은 창의력의 가장 친한 친구인 것 같아요. 누군가에게는 암흑기라고 생각되는 이 시간을 제가 황금기라 기억하는 것은 가장 많은 상상력을 발휘할 수 있었던 시간이었기 때문입니다.

나도 어엿한
1인 크리에이터!

아무도 보지 않던 황량한 채널에 구독자가 쌓이기 시작했습니다. 구독자와 시청 시간만 확보하면 되는 줄 알았던 초보 유튜버는 당황할 수밖에 없는데요. 그동안 '눈에 띄는 섬네일 만들기', '잘 나가는 제목 뽑기'와 같은 깨알 팁만 찾으셨다면, 이제 본격적인 운영에 눈을 떠야 할 시기입니다. 폭발적인 성장을 이뤄야 하니까요! 실질적인 유튜브 운영(자료의 라이브러리화, 수익 구조, 수입 관리, 세금 등)에 관한 좀 더 현실적인 조언을 들려줄게요!

크리에이터의 뇌 구조
드디어! 수익이 나오기 시작했다. 이제 누구에게나 떳떳하
게 유튜버라고 이야기할 수 있는 시기! 하지만 또 다른 시
련이 찾아오는데….

왜 조회 수가
늘지 않을까?

**트렌드를
따라가자!**

토이위자드를 시작하고 반년 가까이 저는 '어떻게 하면 장난감으로 재밌는 이야기를 구현할까?'에만 관심을 쏟았어요. 즉, 콘텐츠 소재로써 이름이 잘 알려지지 않은 장난감을 형태만 보고 구매했는데, 이 때문에 오랜 시간 동안 채널이 뜨지 않는 이유라는 것을 미처 알지 못했어요.

아이들은 기본적으로 자신이 잘 아는 캐릭터나 장난감이 나오는 영상에 흥미를 느끼고 클릭을 하게 되는데, 저는 영상 안에서 독특한 이야기나 효과를 쓰는 것에만 관심을 가졌던 것이죠. 영상이 추천을 받기 위해선 아이들이 자주 보는 다른 채널의 영상과 어느 정도 유사점이 있어야 하는데, 그럴 만한 '키워드'가 없었던 것이죠. 즉, 다른 콘텐츠와 함께 호흡할 수 없는 '갈라파고스 섬'에 갇히게 된 것입니다.

이렇게 몸도 마음도 지쳐가던 답답했던 시기에 《유튜브로 돈 벌기》의 저자 혜강 언니의 제안으로 어린이 웹드라마의 각본을 쓰기로 했어요. 저는 그때 원고료 대신 토이위자드의 영상에 대한 피드백을 해 달라고 부탁했어요.

이때 제가 들었던 피드백이 바로 '키워드가 될 만한 것을 잡아라.'였어요. 즉, 트렌드를 따라가라는 것이었죠. 이후 주인공을 국내 유명 캐릭터 장난감으로 바꾸고 1달 정도 더 영상을 만들었을 때쯤 드디어 반응이 왔어요.

유튜브의 첫 추천을 받은 영상 섬네일

클릭을 부르는 섬네일

유튜브 콘텐츠를 만들면서 가장 신경 썼던 부분은 바로 섬네일을 만드는 것이었어요.

사실 처음에는 영상을 먼저 찍고 섬네일을 만들었는데, 이렇게 하다 보니 기껏 영상을 만들어놓고도 섬네일을 살리지 못하는 경우가 많아서 버리는 영상이 많았어요. 몇 번의 시행착오를 거치다 보니 일단 섬네일을 만들어놓고 그 기획이 괜찮은 경우에만 영상을 찍는 방식으로 패턴을 바꿨어요.

클릭을 부르는 섬네일이라고 해서 거창한 팁이 있는 것은 아니지만, 저는 최대한 부차적인 것들은 배제하고 강조하고 싶은 포인트를 과장해 표현하는 방식을 즐겨 사용했어요.

원근법을 무시한 이야기지만, 중요한 것을 크게 표현하는 방식을 이용하면 뇌는 상황을 좀 더 편하게 인지할 수 있다고 해요. 따라서 강조하고 싶은 피사체의 크기를 의도적으로 확대하고, 그렇지 않은 것을 과감히 무시하는 방식으로 섬네일을 만들었답니다.

 유튜버's Talk ········

어린아이는 아직 문자를 읽지 못하기 때문에 아무리 영상을 재밌게 만들고, 제목을 그럴듯하게 써놓더라도 한방에 그들의 눈길을 끌지 못하면 클릭이 전혀 일어나지 않지요.

·······················

섬네일 제작 과정과 완성된 섬네일

유튜버's Talk

글을 못 읽는 아이들의 특성상, 오로지 흥미로운 이미지만으로 클릭하게 만들게 해야
했어요. 생동감 있는 사진을 좋아해서 섬네일 연출에 많은 시간을 쏟았죠. 심지어 뽀
글뽀글한 물방울을 연출하고 싶어서 어항에 쓰는 산소 공급기까지 사용했어요.

두 번째 팁은 섬네일에 다양한 감정 신호를 담아내기 위해 노력했다는 것입니다. 사람의 얼굴이나 표정은 그 자체만으로도 좋은 콘텐츠라고 생각해요.

하지만 제가 사용하는 장난감으로는 감정적 신호를 표현하기에 많은 한계가 있었어요. 대부분의 장난감은 하나의 표정만 갖고 있기 때문에 상황에 맞는 여러 가지 표정을 입히는 것에 많은 신경 썼어요. 다양한 이모티콘의 이미지를 보고, 장난감에 잘 어울릴 만한 표정을 만들어 섬네일에 적용했어요. 세 번째 팁은 어린이 콘텐츠이다 보니 원색 위주의 단순한 색깔을 사용했다는 것입니다. 섬네일에 너무 많은 색을 사용하면 산만해질 수 있으므로 3~5개 정도의 색깔(보통의 경우 빨강, 파랑, 녹색, 노랑, 갈색)을 절제해 사용하려고 노력했어요. 또 섬네일 크기를 줄여 작게도 만들어 봤어요. 작게 축소해도 잘 보인다면, 경쟁 채널 사이에서도 내 콘텐츠가 눈에 확 띌 수 있기 때문이죠. 이렇게 하다 보니, 보통 괜찮다고 말하는 10~15%의 섬네일 클릭률보다 좀 더 높은 섬네일 클릭률(토이위자드 평균 섬네일 클릭률 16~20%)을 이끌어낼 수 있었어요.

유튜브는 크리에이터와 수익을 나누는 시스템을 도입해 단기간에 눈부신 성장을 했어요. 이 시스템의 기본은 '조회 수'입니다. 즉, 많은 사람이 클릭할 수 있는 콘텐츠를 만드는 것이 중요하고, 이를 위해서는 유튜브 추천 알고리즘에 대한 이해가 필수입니다.

좋은 영상을 만드는 것에 못지않게 중요한 것이 '유튜브 알고리즘에 적합한 콘텐츠'를 만드는 일입니다. 이 부분이 쉽지 않은 이유는 구글에서도 유튜브 알고리즘에 대해 명확하게 알려주지 않기 때문이죠.

 유튜버's Talk ·········
구글은 유튜브의 모회사이므로 구글과 유튜브의 알고리즘은 상당한 상관관계가 있을 것이라고 유추해봤어요.
· ·

구글 전 대표이사 에릭 슈미트의 《구글은 어떻게 일하는가》라는 책을 보면, 구글 알고리즘에 대한 언급을 찾아볼 수 있어요.

이 책에서는 '구글과 유튜브는 알고리즘을 세상에 공개할 경우, 많은 검색 업계의 경쟁자가 품질 향상에 힘쓰기보다 알고리즘에 잘 걸릴 수 있는 콘텐츠를 만드는 데 집중하게 될 것을 우려하고 있다.'고 역설하고 있습니다. 이런 남용 현상이 계속된다면 전반적인 콘텐츠의 질적 하향 평준화는 당연한 수순이 될 것이고, 결국 유튜브 사용자들은 다른 플랫폼으로 옮겨가 버릴 거예요. 이러한 이유로 구글과 유튜브는 알고리즘만큼은 철저하게 기밀에 붙이고 있다고 하네요.

앞서 말했듯이 저는 트렌드를 전혀 고려하지 않고 있다가 반 년 넘게 고생한 후 영상이 제대로 추천받으면서 처음으로 '알고리즘'에 관심을 갖게 됐어요. 그전에는 잘 참고하지 않던 다른 키즈 유튜버를 주의 깊게 살펴보기 시작한 것이죠.

'추격자' 전략

유명 키즈 유튜버들의 전략은 어떤 영상이 '뜨기' 시작하면 최대한 빨리 그 영상을 따라 비슷하게 만드는 것입니다. 서로 비슷한 것을 추천하는 유튜브 알고리즘에 최적화된 전략이기도 합니다. 영상의 화면 구성, 소스, 효과음, 재료까지 같은 영상이라고 해도 믿을 만큼 흡사한 영상을 제작하는 것이죠.

 유튜버's Talk ....

토이위자드는 자체 채널 내에서 잘되고 있는 아이디어를 약간 다르게 각색한 콘텐츠나 최근 다른 유튜버가 많이 사용하는 소재를 가져다가 재해석한 콘텐츠의 결과가 가장 좋았어요.

....

영상 분석 알고리즘을 최대한 응용한 추격자 전략(Fast Follower)은 빠른 시간 내에 자리잡을 수 있다는 장점이 있는 반면, 채널의 아이덴티티를 구축하기 힘들다는 단점이 있어요. 또한 현재 유튜브 내에서 문제 삼고 있지는 않지만, 카피캣 자체에는 윤리적인 문제점이 내포돼 있죠. 유튜버에 대한 구독자들의 윤리적인 요구 수준이 높아지고 있는 만큼 향후 문제 될 소지가 크다고 생각해요.

그렇다면 이런 추격자 전략 외에 알고리즘을 활용하는 다른 방법은 무엇이 있을까요? 바로 '키워드'를 적극적으로 활용하는 방법이에요. 인터넷상에는 '구글 트렌드', '블랙키위'와 같은 키워드의 관심도를 분석해주는 웹사이트가 많아요. 또한 각종 포털 사이트에서는 사용자가 검색하고자 하는 키워드와 자주 사용하는 단어를 붙여 '자동 완성' 기능을 제공하고 있기도 해요.

유튜버's Talk

키워드를 검색해보면, 사람들이 현재 이 키워드에 얼마나 관심이 있는지 알 수 있어요. 또 같은 대상을 지칭하더라도 어떤 단어를 쓰는 것이 좋은지 확인해 볼 수도 있어요. 예를 들어, 대만 여행이라는 주제로 콘텐츠를 만든다면, 제목에 대만과 타이완 중 어떤 것을 선택하는 것이 좋은지 검색어 분석으로 알 수 있어요.

그렇다면 유튜브 영상을 만들 때 키워드 전략을 활용하고 싶다면 어떤 프로세스로 작업해야 할까요? 우선 위에 소개한 웹사이트(구글 트렌드, 블랙키위)에 영상에서 다루고 싶은 소재를 입력해보세요. 가령 검색어를 '전지현'이라고 해보죠.

유튜버's Talk

전지현 콜라겐은 상업적인 느낌이 나므로 배제해도 좋을 것 같아요.

이 세 개의 웹사이트에서 '전지현'을 검색했을 때 모든 사이트에서 공통으로 나타나는 키워드는 '전지현 킹덤'과 '전지현 콜라겐'이었어요. 가능하면 이 내용을 영상에 녹여 제목, 유튜브 메타데이터나 설명에 넣는 것이 좋겠죠? 또한 두 개의 사이트에서 공통적으로 보이는 '전지현 남편', '전지현 아들', '전지현 나이'와 같은 키워드도 놓치기 아까운 키워드랍니다. 간단히 언급이라도 해주고 넘어가는 것이 좋을 것입니다. 이처럼 자동 완성과 키워드를 분석해주는 툴을 활용해 영상을 만들고 이 내용을 적극적으로 메타데이터와 설명, 제목에 넣어주면 알고리즘에 노출될 확률을 높일 수 있어요.

<table>
<thead>
<tr><th>전지현</th><th></th></tr>
</thead>
<tbody>
<tr><td>전지현 콜라겐</td><td></td></tr>
<tr><td>전지현 남편</td><td></td></tr>
<tr><td>전지현</td><td></td></tr>
<tr><td>전지현 아들</td><td></td></tr>
<tr><td>전지현 비비랩 콜라겐</td><td></td></tr>
<tr><td>전지현 나이</td><td></td></tr>
<tr><td>전지현 석류콜라겐</td><td></td></tr>
<tr><td>전지현 치킨</td><td></td></tr>
<tr><td>전지현 킹덤</td><td></td></tr>
<tr><td>킹덤 전지현</td><td></td></tr>
</tbody>
</table>

네이버 검색 결과

관련 주제		급상승 ▼		관련 검색어		급상승 ▼	
1	킹덤 - 2019년 드라마		1	전지현 킹덤	
2	푸른 바다의 전설 - 주제		2	킹덤 2 전지현	
3	사시 - 눈		3	전지현 콜라겐	
4	김수현 - 대한민국 배우		4	킹덤 시즌 2 전지현	
5	청바지 - 주제		5	전지현 사시	

구글 트렌드 검색 결과

블랙키위 검색 결과

유튜버's Talk ·········

아직 채널이 작다면, 세부 키워드
를 잡는 것도 좋은 방법이라고 생
각합니다. 예를 들어, 제주도 맛집
이라는 키워드는 너무 경쟁이 치
열하니까 제주 현지인 맛집, 제주
공항 주변 맛집 등으로 변주를 주
는 거죠.

·····························

또 한 가지 고려해야 할 것은 인기 있는 키워드는 이미 자리잡은 유튜버가 선점했을 확률이 높다는 것이에요. 소재를 잡기 전에 너무 많은 콘텐츠가 나와 있는 키워드라면 후발 주자의 입장에서 볼 때 상단에 노출될 확률이 낮겠죠. 따라서 인기 있는 키워드라면 빨리 선점하거나 콘텐츠 발행량이 적은 키워드를 잡는 것이 현명하다고 생각해요.

하지만 실제로 추격자 전략을 사용한 경우, 빠른 시간 내에 좋은 결과를 내는 경우를 종종 봐왔기 때문에 어느 전략이 더 옳다고 말하긴 정말 어려워요. 역시 유튜브에는 확실한 '정답'이 없는 것 같아요.

유튜브 알고리즘을 이해하기 위한 발버둥

저희 채널의 경우에는 영상을 좀 더 재미있게 표현하기 위해 각종 효과음을 많이 사용했어요. 오디오 레이어의 빈틈이 거의 보이지 않을 정도로 소리를 빽빽하게 넣었어요.

초보 유튜버가 많이 하는 실수이긴 한데, 저 역시 처음 혼자 작업할 때에는 그때그때 임기응변식으로 파일을 받아 사용하는 경우가 많았어요. 하지만 이런 방식은 당시에는 편하게 작업할 수 있는데, 나중에 특정 파일이 필요할 때는 못 찾게 되는 경우가 발생하는 문제점이 있어요. 이럴 경우 파일을 다시 찾는 시간이 추가로 들고, 그나마도 못 찾는 경우가 허다하죠.

라이브러리 정리의 중요성

몇 번의 시행착오 끝에 나름의 규칙을 세워 폴더를 만들고, 하위 폴더를 체계적으로 정리하는 데 시간을 투자했어요. 파일 하나하나에 이름을 붙여 다시 정리했지요. 그나마 배경음악 같은 경우에는 종류가 그렇게 많지도 않고, 제목만 보면 어떤 파일인지 쉽게 구별할 수 있었어요. 이미지나 비디오 효과 같은 경우에는 큰 아이콘으로 확인할 수 있기 때문에 어렵지 않았어요.

하지만 효과음의 경우에는 '부릉' 하나에도 느낌이 미묘하게 달라지기 때문에 좀 더 세밀한 구분이 필요했어요. 저의 경우에는 '부릉'이라는 파일이 있으면 '부릉_차 출발하는', '부릉_공회전하는', '부릉_ 약하게' 등의 느낌이나 특징을 최대한 상세하게 적어넣는 식으로 효과음을 구별해뒀어요.

리소스를 정해진 규칙에 따라 추가하기만 하면 유지, 관리하기가 쉬웠고, 시간이 지날수록 라이브러리가 더 촘촘하고 풍성해졌어요. 처음 라이브러리 구축까지 많은 시간이 걸렸지만, 정리된 이후부터는 매 영상당 작업 속도가 두 배 이상 빨라졌어요. 유튜브를 오랫동안 하고 싶다면 작업의 시스템화, 매뉴얼화까지 생각하고 라이브러리 정리에 투자하는 것을 권해드리고 싶어요.

빵빵 터지는 효과음, 배경음악은 어디서 구하죠?

유튜브는 자체 효과음, 배경음악(BGM) 라이브러리를 크리에이터에게 무료로 제공하고 있어요. 아무런 제약 없이 쓸 수 있는 노래에서부터 사용은 하되 설명란에 출처만 기입하면 무료로 쓸 수 있는 곡들도 있죠. 하지만 내 취향에 딱 맞는 음악을 찾기에는 뭔가 부족한 느낌도 듭니다. 사실 토이위자드처럼 많은 사운드가 필요한 콘텐츠가 아니라면 사실 추가 구매를 하지 않고도 이 정도 안에서 충분히 사용할 수 있어요. 저는 다양한 효과음이 매우 중요했기 때문에 시간이 지날수록 유튜브에서 제공하는 사운드가 아쉽게 느껴졌어요.

어떤 사이트에서는 효과음이나 음원마다 결제하는 방식을 제공하고 있어요. 저는 이런 방식을 선호하지 않았어요. 이런 사이트를 이용하면 비용이 기하급수적으로 올라가기 때문이죠. 따라서 월간 정액제로 음원을 다운로드할 수 있는 사이트를 이용했어요.

'스토리블락'과 '비데보' 사이트를 이용하면 음원, 효과음뿐 아니라 꽤 괜찮은 수준의 애프터이펙트 작업 파일도 다운로드할 수 있어요. 채널 타이틀이나 중간에 들어가는 브릿지를 넣을 때, 이 작업 파일을 기본으로 넣고 싶은 로고나 이미지, 색상을 채널에 맞게 변경해 사용했죠. 이렇게 하면 시간과 노력도 단축할 수 있고, 나름 전문가 느낌도 낼 수 있어 1석 2조랍니다!

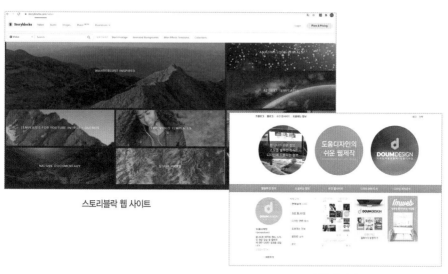

스토리블락 웹 사이트

비데보 웹 사이트

100만 뷰면
100만 원 번
걸까?

제가 유튜브를 하면서 "유튜브로 한 달에 얼마 벌어요?"라는 질문 다음으로 가장 많이 들었던 것은 "그럼 조회 수 1뷰면 1원인가요?" 였어요. 이 질문에 대한 대답은 "그때그때 달라요."입니다. 조회 수 1뷰당 생기는 수익은 채널의 특징, 시청자 성향, 시청 국가 등에 따라 다릅니다.

그렇다면 흔히 유튜브 수익을 이야기할 때 자주 쓰는 용어인 CPM(Cost per Mille)은 무엇일까요? 바로 1,000뷰당 비용, 광고 노출이 1,000회 발생할 때마다 광고주가 지불하는 비용을 뜻합니다.

CPM은 유튜브에 광고를 게재하기 위해 광고주가 지출하는 금액을 나타내는 측정 항목으로, 동영상의 조회 수 1,000회당 발생하는 수익을 나타내는 단위는 아닙니다. 유튜브 분석에서는 다음 CPM 측정 항목을 확인할 수 있습니다.

- CPM: 광고 노출이 1,000회 발생할 때마다 광고주가 지불하는 비용입니다. 광고 노출은 광고가 게재될 때마다 집계됩니다.
- 재생 기반 CPM: 광고가 게재되는 동영상이 1,000회 재생될 때마다 광고주가 지불하는 비용입니다.

CPM 관련

제가 경험한 바에 따르면, CPM을 크게 높이는 데는 두 가지 방법이 있습니다.

특정 국가를 공략하라! 첫 번째 방법은 '내가 어느 국가에 주로 어필할 수 있는 영상을 만드느냐?'입니다. 소위 말하는 선진국, 즉 산업이 발달한 나라일수록 광고비를 많이 집행하고 있어요. 그렇기 때문에 국가별 CPM은 GDP에 비례한다고 볼 수 있어요. 예를 들어, 미국과 베트남의 CPM은 토이위자드의 경우 약 10배 이상의 차이가 났어요. 즉, 미국에서 보는 1뷰는 베트남에서의 1뷰 보다 10배 정도 비싸다는 것이죠. 저는 이 점을 파악해 미국 어린이들이 좋아하고 선호하는 캐릭터 위주로 영상을 제작했어요. 토이위자드는 전체 트래픽에서 미국이 차지하는 비율이 20% 정도로 굉장히 높은 편에 속했어요. 따라서 엄청난 조회 수가 나오지 않아도 CPM은 좋은 편이었기 때문에 꽤 괜찮은 수익을 거둘 수 있었지요.

선진국 시장이 단가가 높긴 하지만, 인구가 많은 개발도상국은 절대적인 시청자 수가 많기 때문에 놓치기 아까운 시장입니다. 그렇기 때문에 국가의 GDP와 절대적인 인구 수를 동시에 고려해 타깃 시청 국가를 설정하는 것이 좋다고 생각합니다(한국의 CPM도 상당히 좋은 편입니다).

그렇다면 처음 국내 캐릭터를 등장시켜 성장했던 저희 채널을 어떻게 그 많은 미국 어린이들이 보게 됐을까요? 처음에 사용했던 캐릭터는 국내에서도 유명했지만, 인도네시아에서도 인기가 많은 캐릭터였어요. 그 덕분에 전체 조회 수는 많이 나왔지만, CPM은 사실 그다지 좋지 못했어요.

 유튜버's Talk ‥‥‥‥
인도네시아는 인구는 약 2억 7,000만으로 세계에서 네 번째로 인구가 많습니다.

채널을 운영하면서 CPM을 분석한 후 과감하게 미국에서 주로 인기 있는 캐릭터를 이용해 영상을 찍기 시작했어요. 처음에는 당연히 뷰가 나오지 않았어요. 주 시청 층인 인도네시아 어린이들은 해당 캐릭터가 낯설고 익숙지 않았기 때문이었지요. 사실 이 시기는 한참 동안이나 새로운 캐릭터에 대한 실험이 통하지 않아 버티기 힘들었죠.

기존에 잘 나오던 콘텐츠 패턴을 줄이고, 새로운 시도를 한다는 것은 심적 부담이 매우 커요. 특히 초반에는 영상 하나하나의 결과에 일희일비하는 경우가 많기 때문에 정신적으로 평정심을 유지하기 어려웠어요. 하지만 어느 순간 드디어 뷰가 나오기 시작했고 조금씩 미국에서 트래픽이 나오기 시작했어요. 결국 처음 30% 이상의 인도네시아 트래픽이 10% 이하까지 떨어지고 그 자리를 미국이 채워주면서 똑같은 영상을 찍으면서도 훨씬 더 많은 수익을 올릴 수 있게 됐어요.

시청 지속 시간을 늘려라!

두 번째 방법은 바로 '시청 지속 시간'입니다. 영상을 시청하는 시간이 길수록 시청자들이 다양한 광고에 노출될 가능성이 높아지죠. 더욱이 유튜브의 정책상 영상이 8분 이상 재생되면 중간 광고를 넣을 수 있기 때문에 수익적인 부분에서는 크리에이터에게 많은 도움이 됩니다.

토이위자드는 전반적으로 영상의 길이가 약 3분 남짓으로 짧은 편이었기 때문에 광고 단가가 성인 채널에 비해 그렇게 높진 않았어요. 그래서 일부러 시간을 10분으로 늘려 영상을 제작해 보기도 하고, 여러 영상을 붙여 30분짜리 영상을 편성해보기도 했어요. 하지만 시간을 늘린 영상을 올리다보니 시청 지속 시간 비율이 급격히 짧아져 영상 자체의 평가가 좋지 못하다는 느낌이 들었어요.

즉, 3분짜리 영상을 대부분의 사람들이 2분 30초를 보고 나간 영상과(지속 시간 비율 83%) 10분 남짓한 영상을 4분을 보고 나간 영상을(지속 시간 비율 40%) 비교해보면 전체 시청 지속 시간은 늘어나지만, 한 영상 전체 길이를 시청하는 것에 대한 비율은 확연히 줄어들었어요. 단기적으로 봤을 때는 영상 길이가 길어서 지속 시간이 절대적으로 긴 영상의 단가가 높겠지만, 장기적으로 유튜브가 지속 시간이 긴 콘텐츠를 지속 시간 비율이 좋은 콘텐츠보다 더 좋은 콘텐츠로 인식해 많이 추천해줄 것인지에 대한 의문이 남아 있어요.

마지막으로 덧붙이면, 구글 애드센스는 영상을 시청하는 독자에 맞춰 광고를 자동으로 게시해주고, 여기서 받은 광고비를 크리에이터와 나누고 있어요. 그들은 주 수입원인 광고를 많이 따내기 위해 광고주의 요구에 매우 민감하게 반응하고 있죠. 예를 들어 콘텐츠의 내용이 자극적이거나, 사람들을 속이거나, 민감한 문제를 다루는 즉시 광고 노출을 중지시켜 버립니다.

이 과정에서 크리에이터들이 억울한 경우가 있어요. 자신의 콘텐츠가 전혀 자극적이지 않은데도 수익이 중단되는 경우가 자주 발생하니까요. 예를 들어, 저는 살구색 아기 인형을 콘텐츠에 소재로 넣었는데, 이를 인간의 나체로 인식해 광고를 중지시키는 일이 생긴 적이 있어요. 조회 수가 잘 나온 콘텐츠였고 유튜브의 조치가 없었다면 앞으로도 많은 돈을 벌 수 있는 콘텐츠였기 때문에 억울한 마음이 들었어요.

사람은 유해한 콘텐츠로 절대 분류하지 않았을 텐데 유튜브 알고리즘은 아직 완성 단계가 아니기에 어쩔 수 없었어요. 이 외에도 억울한 일이 존재하지만, 이런 사례는 유튜브 크리에이터로 살아가기 위한 어쩔 수 없는 숙명이라고 생각해요. 결국 이 플랫폼 안에서 활동하는 크리에이터들은 플랫폼이 원하는 방향으로 콘텐츠를 만들 수밖에 없고 그 분(!)이 이끄는 방향으로 따라갈 수밖에 없는 것 같아요.

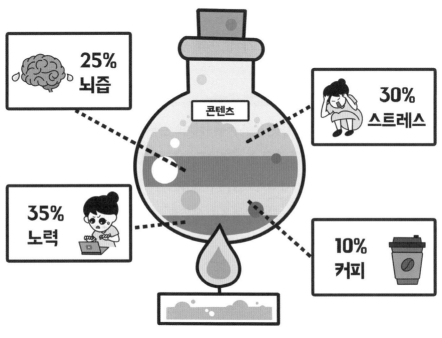

유튜브 콘텐츠의 성분

구독자 200만?
아이고 의미 없다!

'구독자가 200만이라고요?'

토이위자드의 구독자 수를 들으면 다들 놀랍니다. 그도 그럴 것이 대구광역시의 인구가 240만, 슬로베니아라는 유럽의 한 국가 인구가 206만 정도입니다. 구독자 200만이라는 것은 신생아부터 100살이 넘은 노인까지 거의 한 대도시 혹은 한 국가의 인구가 채널을 구독하고 있다는 말이기 때문입니다.

하지만 아쉽게도(?) 이런 구독자 수가 채널을 운영하는 사람에게는 큰 메리트가 없어요. 수익과 직결되는 것이 아니니까요. 특히 저와 같은 얼굴 없는 유튜버는 기껏해야 유튜브에서 보내주는 실버 버튼, 골드 버튼을 받는 용도 정도나 될까요? 물론 사람이 출연하는 채널의 경우 협찬이나 광고를 받을 때 광고주에게 아주 쉽고 간단하게 어필할 수 있다는 장점이 되기도 하겠네요.

유튜브 실버 · 골드 버튼

'진짜 팬'을 만들어라!

구독자에는 어느 정도 '허수'라는 것이 존재하는 듯합니다. 실제로 운영해보니 '일반 구독자'와 '진짜 팬'사이에는 큰 차이가 있었어요. 토이위자드의 경우 영유아 채널인 만큼 '진짜 팬'의 비중이 낮았어요. 유튜브에서 구독하면 새 콘텐츠가 나올 때마다 알림 피드 등에 나타나지만, '진짜 팬'이 아니기 때문에 일일이 다 찾아보는 경우는 매우 드물어요. 일반 구독자는 꾸준하고 확실한 수요로 이어지지 않기 때문에 채널을 운영하는 입장에서도 꾸준한 조회 수를 확보하기 힘들죠. 일정한 조회 수는 어느 정도의 확정 수익을 의미하는데, 유튜버의 입장에서 이것이 들쭉날쭉하면 높은 퀄리티를 추구하기보다는 단발성 콘텐츠를 남발할 수밖에 없어요.

 유튜버's Talk ⋯⋯⋯
여러분이 응원하고 싶은 유튜버가 있다면, 꾸준히 시청해주세요.
⋯⋯⋯⋯⋯⋯⋯⋯⋯⋯⋯⋯

성인들이 보는 시사 채널을 운영했을 때도 이와 비슷한 경험을 했어요. 구독자가 관심 있는 주제의 시사 정보를 보기 위해 제 콘텐츠를 보고, 그것이 구독으로 이어지는 방식으로 채널이 성장했지요. 그 때문인지 콘텐츠를 올릴 때마다 시청하는 구독자의 비율이 3%를 넘지 않았어요(1%일 때도 있었답니다). 약 4~5개월 정도 짧게 운영했던 채널이었지만, 들쭉날쭉한 조회 수 때문에 조회 수가 너무 나오지 않으면 허무한(?) 마음이 생겼어요. 구독자가 2만을 넘었을 때인데도 조금이라도 구독자의 흥미에서 멀어지는 콘텐츠를 올렸을 때는 조회 수가 500회 정도에 그칠 때도 있었어요.

 유튜버's Talk ⋯⋯⋯
토이위자드 채널의 경우 냉정하게 말하면 '이런 허수'의 시청자들이 많았어요. 따라서 정확한 피드백을 받기 어려웠고, 영상을 올릴 때마다 확신이 없었죠.
⋯⋯⋯⋯⋯⋯⋯⋯⋯⋯⋯⋯

제가 말하고자 하는 것은 유튜브의 구독자 수에 너무 집착할 필요가 없다는 것입니다. 구독자 수는 단순히 채널의 조회 수가 잘 나오면 그에 비례해 올라가는 것입니다. 그렇기 때문에 구독자를 모으기 위해 쓸데없는 노력(지인이나 모르는 사람에게 구독을 요청하거나 돈을 주고 구독자를 사는 등)을 할 필요는 없어요. 구독자 수에 신경 쓰기보다는 내 채널의 '진정한 팬'을 모은다고 생각하고 그들이 보고 싶은 콘텐츠가 무엇인지 고민하는 것이 더 현명하다고 생각합니다.

 유튜버's Talk ········

수익은 뷰 수익에 비례합니다. 구독자가 100만이라도 한 달에 50만 원 밖에 못 벌 수도 있습니다. 참고로 토이위자드 채널의 경우 구독자가 50만 명일 때 가장 많은 수익이 생겼어요.

························

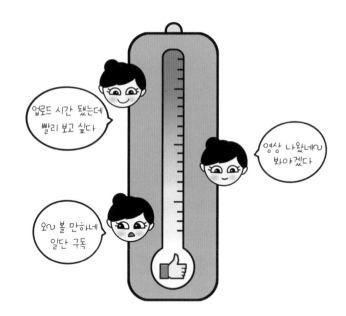

내 돈 주고 산 장난감도 맘대로 못 쓴다고?

2018년 9월은 그야말로 '패닉'이었어요. 토이위자드 채널이 처음으로 추천받은 영상이 나온 지 1년 만에 최대의 위기를 맞이하게 됐어요. 유튜브 크리에이터에게 치명적인 저작권 경고를 한꺼번에 2회나 받은 것이죠. 참고로 유튜브는 저작권 위반과 커뮤니티 가이드 위반 경고를 운영하고 있어요. 단어에서 알 수 있듯이 하나는 저작권을 위반한 것이고, 커뮤니티 가이드는 이른바 유해한 콘텐츠, 즉 폭력적이거나 선정적인 것 등 유튜브가 정의한 포괄적인 의미에서 유해하다고 판단하는 콘텐츠에 대해 경고하는 것이지요.

 유튜버's Talk ········

당시만 해도 경고 3회 누적 시에는 채널 업로드가 중지되고 모든 수익 창출이 중단됐어요. 최악의 경우는 채널 삭제까지 당하게 된답니다.

························

당시 국내에서 제작한 애니메이션에 기반을 둔 장난감을 사용한 영상이 문제가 됐어요. 애니메이션의 지적 재산권(Intellectual Property, IP)를 보유하고 있는 회사에서 유튜브를 통해 정식으로 경고한 것이었어요. 저는 제 돈으로 산 장난감(그것도 정품!)으로 영상을 찍었을 뿐인데 왜 저작권이 문제가 되는지 이해가 가지 않았어요.

'불닭볶음면을 내 맘대로 먹는 영상을 찍어도 문제가 되는 건가? 그것도 어떻게 보면 상표권이 있는데…'와 같은 생각이 들었어요.

이 경험으로 저작권을 자세히 공부해보는 시간을 가졌어요. 그 내용을 소개하면 일단 저작권은 크게 두 가지 범주에서 고려해볼 필요가 있어요.

첫 번째는 유튜브 시스템이 인정하는 저작권의 범위입니다. 가장 흔히 발생하는 저작권 문제인데, 타인이 창작한 음악이나 영상, 폰트, 이미지 등을 허가 없이 사용할 경우에 발생합니다. 참고로 남의 콘텐츠를 가져다 사용했다고 해서 바로 저작권 경고가 부여되는 것은 아니에요. 유튜브의 시스템이 경고를 부여하는 쪽보다는 특별한 문제가 되지 않는 한 오히려 원래의 저작권자에게 수익 발생 권한을 줌으로써 저작권자를 보호하는 정책을 펴고 있어요.

 유튜버's Talk ·········

콘텐츠 IP는 콘텐츠를 기반으로 다양한 장르 확장과 부가 사업을 가능하게 하는 일련의 지적 재산권 묶음으로 정의되는데, 예를 들어 내가 '블루퐁'이라는 동요를 부르는 캐릭터를 만들었다면 그것과 관련된 모든 상업적인 권리를 갖고 있다는 것입니다.

·························

두 번째는 유튜브 시스템을 벗어난 저작권의 범위입니다. 사실 이 부분이 가장 애매하기도 하고 상황에 따라 문제가 되기도 하는 부분이에요. 이른바 콘텐츠 지적 재산권이 문제가 되는 영역이죠.

재미있게도 법적으로 따지면 장난감을 사는 순간 장난감의 소유권은 저에게 있지만, 그것을 활용해 수익이 발생한다면 그 수익이 콘텐츠 IP를 갖고 있는 회사 또는 개인에게 돌아갑니다. 하지만 대부분의 제조사는 자신들의 제품이 유튜브 영상에 나오는 것이 좋은 홍보 수단이기 때문에 이를 특별히 문제삼지는 않아요. 오히려 협찬을 통해 홍보를 부탁하기도 하고, 심지어 '브랜디드'라는 방식을 사용해 거액의 돈을 주고 광고를 의뢰하기도 합니다.

토이위자드 채널의 경우, 액션과 아슬아슬한 상황 등(장난감이 흙탕물 속에 빠지거나 언덕에서 넘어지는)의 동적인 연출이 채널의 가장 큰 정체성이었어요. 나중에 알고 보니 IP 권리를 갖고 있던 회사에서 이 부분을 불편해했던 것이었어요. 그들이 지향했던 캐릭터의 정체성을 해친다는 것이 주된 이유였지요.

사실 저와 같은 유튜브 크리에이터에겐 억울할 수도 있는 부분이기도 합니다. 왜냐하면 이 '거슬린다.'라는 표현은 너무 주관적이기 때문이죠. IP 권리자가 "언덕에서 넘어지는 행동은 우리 캐릭터의 이미지가 손상되니 문제가 됩니다."라고 한다면 사람에 따라 "그게 왜 캐릭터의 이미지가 손상되나요?"라고 반문할 수밖에 없기 때문입니다. 실제로 해당 IP 회사가 운영하는 공식 채널에서는 이러한 영상을 만들어내고 있었어요. 우리가 하면 괜찮고, 남이 하면 거슬린다니!

저는 당시 채널 경고가 2회나 받자(3회면 채널 삭제!), 극도의 불안감을 느꼈어요. 다행히 MCN에 가입돼 있었는데, 담당 매니저에게 연락해 조언을 구했어요. 1차적인 조치로는 추가 저작권 경고를 막기 위해 업로드한 영상의 대부분을 비공개 처리했어요. 2차적인 조치로는 MCN 담당 매니저가 직접 IP 권리자, 즉 해당 콘텐츠 회사 담당자에게 직접 연락해 원만하게 해결하기 위해 노력했어요.

지금 생각해보면 당황한 상태에서 1차적인 조치를 했던 것이 가장 큰 실수였다고 생각합니다. 당시에는 채널

유튜버's Talk

유튜브는 시스템에서 자동으로 거르지 못하는. 즉 이런 두 번째 영역의 저작권 문제에 대해서는 철저하게 IP 권리자의 의견과 결정을 따르고 있어요. 특히 이러한 IP 권리자들은 대부분 회사의 형태를 띠고 있기 때문에 유튜브 내에 따로 담당 매니저가 있어요.

이 급성장세였고, 채널의 영상 대부분이 좋은 조회 수를 기록하고 있었어요. 이때 월간 단위의 채널 조회 수가 8,000만 뷰에 달하고 있었고, 1억 뷰까지도 바라볼 수 있었던 상황이었죠. 하지만 대부분의 영상을 비공개 처리하면서 채널의 조회 수가 급격히 떨어지고 말았어요. 그간 좋았던 흐름이 다 깨지면서 채널은 그야말로 만신창이가 되고 말았죠.

 유튜버's Talk ········

저희 채널에 대한 유튜브의 자체 평가도 이때 형편없이 떨어지고 말았던 것 같아요.

· ·

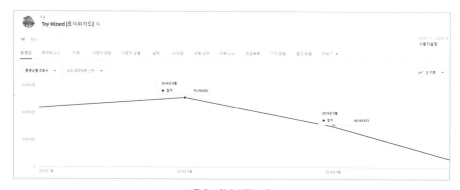

IP 문제, 조회 수 변화 그래프

결과적으로는 IP 회사의 담당자와 잘 이야기해 문제가 됐던 영상을 삭제함으로써 경고를 철회하는 것으로 마무리됐습니다. 또한 앞으로 해당 캐릭터를 사용하는 것 자체는 문제가 되지 않지만, '캐릭터를 활용한 콘텐츠 제작 시, 캐릭터의 아이덴티티 준수와 훼손이 없도록 주의해주기 바란다.'라는 다소 모호한 가이드를 받고 이를 준수할 것을 회신한 후에야 경고에서 벗어날 수 있었어요.

저작권 경고부터 철회까지 다이내믹했던 2주가량이 지나고 나자 다시 제자리로 돌아올 수 있었어요. 이때 정신적인 타격도 너무나도 컸어요. 첫 영상이 추천받은 후에 매달 2배씩 성장을 이어왔던 토이위자드는 저작권 경고를 받은 후 소생할 기미가 보이지 않았어요. 유튜브에 대한 자신감은 사라지고 매일 아침 유튜브를 로그인할 때마다 채널이 삭제돼 있을지도 모른다는 생각에 매일 극도의 불안을 느꼈어요.

이후 저작권에 예민한 국내 캐릭터 장난감 사용을 최소화하게 됐어요. 그 대신 세계적으로 사랑받는 디즈니, 픽사 등에서 나온 애니메이션을 기반으로 한 캐릭터를 가져왔어요. 이와 동시에 지적 저작권이 전혀 없는 장난감들을 활용해 위험에 대비하는 전략을 사용했어요. 인생은 새옹지마라더니 이를 통해 폐허가 된 채널이 다시 새로운 도약을 할 수 있는 계기가 됐어요.

유튜버's Talk

《저작권 별별 이야기》(이영욱, 한국저작권위원회)는 복잡하고 이해하기 어려운 저작권을 이론편과 판례편으로 나눠 설명해주고 있어요. 걸그룹 시크릿의 '사이보이 안무 사건'과 드라마 선덕여왕의 '대본 사건' 등 사회적으로 이슈가 됐던 사건을 다루고 있어요.

대형 MCN에는 어떻게 가입해야 하나요?

인기 크리에이터들의 기획사인 MCN(다중 채널 네트워크) 가입은 크게 두 가지 방법으로 이뤄집니다.

첫째, 먼저 자신이 채널을 어느 정도 성장시킨 후 MCN의 연락을 기다리거나 직접 MCN에 연락해보는 방법입니다. MCN의 경우 아직 채널이 작더라도, 그 채널이 가능성이 있다고 생각하면 먼저 연락을 취하는 경우도 있어요. 반면, 채널이 엄청 크고 유명하더라도 서로 원원하기 어려운 콘텐츠라면 가입을 거절하는 경우도 있죠.

토이위자드의 경우 채널 구독자가 50만쯤 됐을 때 먼저 MCN에 가입한 지인의 추천으로 가입하게 됐어요. 가입 절차는 MCN 회사마다 다를 수 있지만, 제 경우 먼저 담당 매니저와 간단한 인터뷰를 했어요.

최종 가입 여부가 결정나면 MCN 회사와 계약서를 작성합니다. 계약서의 세부 내용은 대외비라 공개할 순 없지만, 일종의 연예인 계약서와 느낌이 비슷하다고 볼 수 있어요. MCN과 유튜브 크리에이터가 다양한 수익 창출 영역에 있어서 서로의 도움과 신뢰를 지키기 위한 항목들이 많은데, 수익 창출을 위해 필요하다면 약한 수준의 구속력이 있는 항목도 있죠.

둘째, MCN에서 먼저 신입 크리에이터를 모집하는 경우도 종종 있어요. 채널의 규모가 매우 작거나 아예 채널이 없더라도 본인이 끼가 있거나 능력이 있으면 MCN에서 처음부터 후원하고 밀어주는 경우죠. 물론 이런 도움이 있다면 당연히 수익을 MCN에서 좀 더 가져가겠죠.

MCN과 유튜브 콘텐츠 계약 시 체크해야 할 사항 8가지

❶ 콘텐츠의 소유권은 누구의 것인가?

초창기부터 MCN이 관여하는지, 유튜버가 시작한 것인지에 따라 다르다.

❷ 유튜버 개설 시 ID와 비밀번호가 누구의 것인가?

초창기에 유튜버가 확보한 것인지, MCN의 기획력으로 만들어진 것인지에 따라 다르고 이를 가진 주체가 주도권을 쥐게 되므로 계약 시 중요하다.

❸ 전속 계약을 하게 된다면 몇 년인가?

연예인의 경우에는 공정거래위원회에서 7년을 권장하고 있으므로 유튜브에서도 7년 이내로 하는 것이 공정하지만, 시장이 급변하므로 3년이 적당하다.

❹ 광고 수익이나 매출의 범위는 어디까지인가?

매출 확인을 할 수 있는 절차, 즉 정산 자료를 받도록 하고 필요시 회계사에게 검사를 받는다는 규정을 넣어야 상호 견제할 수 있다.

❺ 광고 등 수익의 배분 비율은 어떠한가?

유튜버의 독창성, 기여율, 투입되는 비용, 시기 등에 따라 달라진다.

❻ 광고 계약 등 거래 당사자는 누구인가?

MCN에 가입하는 경우 유튜버는 MCN으로부터 광고 수입을 배분받는 구조가 되지만, 갑을병을 넣어 동시에 계약하는 것이 좋다.

❼ 매출을 분배받을 때 입금 시기는 언제인가?

MCN이 입금받는 날로부터 언제 입금되는지, 지연 시에는 공정거래 관련 지연이자 15.5%를 부과한다는 조항을 둬야 한다.

❽ 계약 위반에 따른 책임 사항과 손해 배상 절차는?

통상적으로 계약 위반에 따른 책임은 계약서에 구체적으로 기재하되, 소속사가 너무 유리하지 않도록 하고 절차는 대한상사중재원이나 일반 법원의 도움을 받아 해결한다.

출처: 한국공정거래평가원

**수입은 어떻게
관리해야 할까?**

유튜브를 모두 접은 현재의 시점에서 볼 때, 3년이 조금 안 되는 기간 동안 유튜브를 통해 제가 벌어들인 총수입은 지출 비용과 세금을 제외하고 순수익만 대략 6억 원 정도 되는 것 같아요. 어떤 사람은 평생 모을 수 없는 큰 돈이기도 하고 TV에 나오는 유명한 유튜브 크리에이터들에 비하면 얼마 되지 않는 금액이라고 볼 수도 있어요.

 유튜버's Talk ········

현재는 더 이상 유튜브 채널을 운영하고 있지 않기 때문에 수입이 거의 없어요.

························

유튜브 채널이 어느 정도 자리잡은 시점부터는 매달 3,000~ 5,000만 원 정도의 매출(수익이 아닙니다)을 올렸는데, 자본주의 사회에서 많이 벌면 많이 쓰는 것이 경제 순환에 도움이 된다는 것은 알고 있었지만, 저의 경우에는 소비를 최소화했어요. 그 이유는 크게 두 가지로 나눌 수 있어요.

첫째, 개인적인 돈에 대한 경험 때문입니다. 사실 굳이 따지자면 항상 돈이 없는 편에 속하는 사람이긴 했지만, 대학생 때까지 돈 때문에 불행하다고 생각해본 적은 거의 없었어요. 하지만 대학을 졸업한 후 일은 재미있었지만 고용이 불안한 일을 하게 되면서 본격적으로 돈에 대한 압박을 느끼게 됐어요.

특히, 기억에 남는 것은 언론사 시험을 준비한다고 일을 그만두고 공부하는데, 당시 국민건강보험료 폭탄을 맞은 것이었어요. 두 달분으로 약 20만 원가량 됐던 걸로 기억하는데, 당시에는 그 정도도 낼 형편이 못 됐던 것이지요. 어렵게 돈을 빌려 보험료를 해결했는데, 지금까지도 건강보험료 고지서만 봐도 손에 땀이 날 정도로 트라우마 같은 것이 남아 있어요. 돈이 없으면 사람의 판단력이 흐려지고 공포심까지 생길 수 있다는 것을 뼈저리게 느꼈어요. 저는 이 경험을 통해 다시는 절대적 빈곤을 겪지 않겠다고 다짐했어요.

 유튜버's Talk ⋯⋯⋯

연예인들이 갑자기 일이 끊겨 수입이 없어지는 것처럼 유튜버 역시 채널이 갑자기 사라질 수도 있고, 조회 수가 바닥으로 떨어질 수도 있으니까요.

⋯⋯⋯⋯⋯⋯⋯⋯⋯⋯⋯

둘째, 유튜브 크리에이터로 살아가는 것은 연예인의 수입 구조와 유사한 점이 많다는 것 때문입니다. 일단 매달 소득의 편차가 너무 커요. 어떤 달에는 몇천만 원을 벌 때도 있고, 어떤 달에는 10만 원도 못 버는 경우도 있어요.

토이위자드의 경우 처음 수입(40만 원)이 난 이후 6개월 만에 월 2,000만 원이 됐어요. 그리고 다시 6개월 후에는 월 8,000원까지 증가했어요. 하지만 앞서 언급했던 것처럼 저작권 경고로 다시 바닥으로 고꾸라지는 것도 한순간이었죠. 돈이 없을 때의 공포와 불안한 수입 때문에 저는 최대한 벌 수 있을 때 벌고 모을 수 있을 때 모으자고 생각했어요.

사실 돌이켜 생각해보면 저는 채널을 운영하면서 불필요한 지출을 많이 했어요. 그 돈의 대부분은 새로운 콘텐츠를 만드는 곳에 쓰거나 다소 불필요한 촬영 장비에 대한 투자였어요. 또한 사람을 잘못 써서 입은 손해도 큰 금액을 차지했죠. 하지만 최대한 불필요한 욕망을 채우는 곳(특히, 사치품을 사는 것 등)에는 최대한 돈을 쓰지 않으려고 노력했어요. 단기간에 번 돈에 비해 많이 모을 수 있었던 것은 수입을 철저하게 관리했기 때문이었어요.

	남편 소득	나의 소득
수입	월급	구글 애드센스 광고(99%) 브랜디드 광고, PPL + 강의
지출	생활비	세금 + 직원 월급, 복리후생비 물품 구매 + 임대료 + 설비 투자 공과금 + 각종 라이선스 비용 등
잔액	무조건 저축 → 내 집 장만 + 각종 투자	

유튜브 콘텐츠 수입 & 지출 관리

브랜디드, PPL 등 광고

유튜브 크리에이터에게 절대적으로 중요한 수익원은 동영상 조회 수로 발생하는 광고 수익입니다. 하지만 이것도 금방 한계에 봉착하게 돼요. 왜냐하면 매번 빵빵 터지는 콘텐츠를 만들어내는 것은 너무나 어려운 일이기 때문이에요. 그렇기 때문에 유튜버는 다양한 방식으로 수익을 내고자 노력합니다.

제가 가장 먼저 추천하는 수익원은 '브랜디드 광고'라 불리는 직접 광고와 PPL, 즉 제품 간접 광고를 통한 수익 수단입니다. 저는 그동안 어린이 콘텐츠, 그중에서도 장난감을 이용해 영상을 만드는 채널에는 브랜디드 광고나 PPL이 불가능하다고 단정 짓고 살아왔어요.

어떤 제품을 광고한다고 생각해보면, 그 제품을 영상 내에서 실제로 사용해야 하고 언어적·비언어적 수단을 이용해 그 제품의 특징과 장점도 나타내야 하죠. 그런데 토이위자드와 같은 장난감 채널에서는 이를 구현하기가 매우 어려워요. 주인공 장난감이 다른 장난감을 소개해주면서 특장점을 소개해줄 수는 없으니까요. 그러한 이유 때문에 키즈 크리에이터의 경우, 브랜디드, PPL 광고는 대부분 어린이나 어른이 직접 나오는 영상에서만 누릴 수 있는 특권이었어요.

그러던 중 MCN의 소개로 브랜디드 광고와 PPL을 동시에 의뢰받았어요. 국내 완구 업체가 새로운 애니메이션 시즌과 캐릭터를 동시에 출시하면서 홍보가 필요한 상황이었어요. 보통의 경우 따로 브랜디드와 PPL을 의뢰하지 않아도 유튜버가 자신의 필요에 따라 장난감을 구매해 쓰는 경우가 많았어요. 하지만 이번에는 해당 캐릭터가 아직은 국내에서 인기를 끌고 있지 않은 상황이었기 때문에 업체에서는 유튜버를 통해 캐릭터의 인지도를 높이길 원했던 거죠.

브랜디드 광고는 직접 광고인 만큼 까다로운 과정이 있었어요. 먼저 어떻게 영상을 만들지 기획서를 써서 내야 했고, 캐릭터의 특성과 장난감의 놀이 방법 등을 모두 정해진 방법에 맞게 활용해 영상을 제작해야 했죠. 특히, 광고를 받은 장난감의 경우 약간의 조작법과 게임 룰 등이 존재했기 때문에 생각보다 까다로운 작업이 많았어요. 그전에는 그냥 우리가 만들고 싶은 스토리 라인에만 맞춰 영상을 제작했지만, 보수를 받고 제작하는 만큼 쉬운 작업은 아니었어요.

하지만 브랜디드 광고는 어느 정도의 '확정 수익'을 받고 진행하는 만큼 동영상 조회 수로 인한 광고보다 확실한 수익원이 돼줬어요. 실제로 채널에 안착한 장난감은 아니었기 때문에 폭발적인 뷰가 나온 것은 아니었지만, 그래도 기존 구독자층이 있었기 때문에 기본적인 조회 수는 가져올 수 있었어요.

PPL은 브랜디드보다 제약이 덜한 편입니다. 기존에 제작하는 영상에 특정 시간과 부분을 노출하기만 하면 되는 조건이 대부분이죠. PPL도 이와 마찬가지로 이미 확정 수익이 발생한 콘텐츠이기 때문에 조회 수로 인한 추가 수익까지 기대해볼 수 있어요. 하지만 여기에도 애로사항은 존재합니다. 먼저 갑자기 사용하지 않는 장난감을 사용함으로써 평소 활용하던 스토리라인에 어색함이 존재했고, 광고주의 입장에서는 섬네일이나 영상에 해당 제품이 노출되는 시간이나 구성 비율을 요구하기 때문에 이것 또한 스트레스가 됐죠.

협찬에 대해서도 언급하고 싶어요. 말 그대로 광고비는 주지 않고 물건만 대주는 것을 협찬이라고 하죠. 토이위자드 경우에도 약 두 차례 모 캐릭터 장난감을 협찬받은 적이 있었어요. 직접 돈을 받는 것이 아니라 아쉬울 수도 있지만, 어떻게 보면 어차피 사야 할 장난감을 안 사도 되는 것이니 비용을 절감할 수 있다는 부분에서 장점이라고 볼 수 있죠. 협찬의 경우 기업들이 재고 하나만 보내주면 되는 것이니 비교적 부담 없이 해줄 수 있어요. 요구 조건도 거의 없는 편이고요. 채널이 어느 정도 자리잡았다면, 직접 연락해 받을 수도 있으니 한번 시도해보는 것도 좋을 것 같아요.

협찬을 제외하곤 PPL이든 브랜디드 콘텐츠든 돈을 받고 영상을 만드는 것이기 때문에 조회 수를 어느 정도 확보해줘야 한다는 심리적인 압박이 있어요. 제 경우 꽤 많은 영상을 저렴하게 광고해줬고, 업체에서도 신상 장난감이었기 때문에 기대치가 높지 않았어요. 그렇기 때문에 이러한 압박에서 벗어나 조금은 편하게 영상을 제작할 수 있었어요. 하지만 몇천만 원의 어마어마한 광고비를 받고 쪽박 조회 수를 얻는다면 인간적으로 미안한 마음이 들겠죠?

 유튜버's Talk ········
유튜브에 꾸준히 노출만 시켜달라는 것이 그들의 요구였죠.
·······················

이런 심리적인 문제 외에 더 고려해야 할 문제가 있어요. 바로 기존 구독자에게 이런 광고성 콘텐츠가 어떻게 비칠지 고민해봐야 한다는 것이죠. 시청자들은 어떤 영상이 브랜디드와 PPL을 받아 제작된 것이란 것을 잘 알아차립니다. 콘텐츠에 따라 이 부분에 대한 반응이 제각기인데, 어떤 콘텐츠는 광고를 재미의 요소로 활용하기도 합니다. 이런 재미까진 아니더라도 기존 구독자의 심기를 건드리지 않고(?) 광고의 목적을 잘 달성하기만 해도 어느 정도는 성공이라 볼 수 있죠.

반면, 광고가 많아지면서 기존 구독자가 떨어져 나가는 경우도 있어요. 전에는 솔직한 리뷰를 해주던 유튜버가 광고를 많이 하게 되면서 그 매력이 떨어지는 경우가 될 수 있죠. 아무리 광고 단가가 높다 한들 유튜버는 기본적으로 시청자의 조회 수가 가장 중요한 수익원입니다. 장기적으로 봤을 때 조회 수가 나오지 않는 채널에 비싼 광고를 줄 광고주는 없기 때문이죠. 그렇기 때문에 이런 브랜디드나 PPL을 영리하게 활용하는 지혜가 반드시 필요하다고 생각해요.

출판, 강연 등

브랜디드, PPL 등이 유튜브 시스템 안에서의 추가 수익원이라면, 강연이나 출판 영역은 유튜브 시스템 밖에서의 수익원이라 볼 수 있어요. 그래서 애초에 강연이나 출판을 염두에 두고 유튜브는 그것을 홍보할 목적으로 활용하는 크리에이터도 많이 증가했죠. 특히 자기계발이나 컴퓨터 기술 강의(영상 편집, PPT, 코딩 등) 또는 재테크 등의 분야에서 많은 크리에이터를 찾아볼 수 있어요.

출판의 경우 자신의 책을 출판하게 됐을 때의 장점이 존재합니다. 바로 사회에서 어느 정도는 '전문가'라고 인정받을 수 있다는 것이죠. 특히 이러한 장점은 다양한 강의, 강연 기회와도 연결할 수 있습니다.

저는 처음에 경북대학교 교수님의 소개로 학생들 앞에서 두 차례 정도 강의를 한 적이 있었어요. 외국인 학생이 절반 정도 듣는 수업이라 영어로 진행했는데, 나름대로 생각을 주고받고 싶어서 다양한 질문을 던지고 내가 생각한 답을 말해주는 방식을 사용했어요. 기술적으로 엄청 매끄럽지는 못했지만, 다양한 사람과 생각을 나누는 경험이 특별하게 느껴졌고, 금방 이 분야의 매력에 빠져들게 됐어요.

중학교 직업 멘토링 강연

이후 소속 MCN을 통해 경북교육청에서 진행하는 중학생 대상 강연을 몇 차례 진행했어요. 이 책과도 관련 있는 주제였죠. 세상에 쓸모없는 고생은 없다고 했던가요? 대학생 때 중학생들을 가르치는 학원 아르바이트를 했던 것이 많은 도움이 됐어요. 이때도 학생들이 질문을 던지고, 다양한 대답을 듣고, 내 경험을 들려주는 방식으로 강의를 했는데, 감사하게도 피드백이 좋아서 비슷한 소개가 몇 번이나 들어왔어요.

 유튜버's Talk ·········

재미도 재미지만, 꽤 괜찮은(?) 수익원이었어요. 1시간 30분~2시간 정도 강연하고 30~50만 원 정도의 강의료를 받았기 때문이죠.

강의와 관련해 여러분에게 한 가지 당부하고 싶은 것이 있어요. 가급적이면 처음 시작하자마자 성공할 수 있는 절대적인 법칙을 알려준다는 고액 강의에는 관심을 갖지 말라는 것이에요. 전에 유명 유튜버들이 모여 고액 동영상 강의를 한다는 광고를 본 적이 있었어요. 일반인이 동영상 강의에 지출하기에는 엄청나게 큰 돈인데(특히 시작 단계에서) 그 강의가 얼마나 도움이 될지 지금도 의문이 듭니다.

실제로 유튜브를 해보니 절대적인 시간과 노력을 먼저 들여야만 겨우 보이는 것이 많아요. 시작할 때 아무리 말해줘봤자 정작 그 상황이 닥쳐야 이해되는 것 말이에요. 저는 동영상 강의로 스타 유튜버가 될 수 있다는 건 마치 고액 동영상 강의로 프로 야구 선수가 될 수 있다는 말처럼 들립니다. 그들 말처럼 손대기만 해도 빵빵 터지는 콘텐츠를 만들 수 있는 절대적인 공식이 있다면, 왜 그들이 엄청난 수익을 낼 수 있는 콘텐츠를 만들지 않고 강의를 할까요? 그것도 굳이 자신의 경쟁자가 될 사람들을 만들어가면서?

강의, 강연을 듣지 말라는 이야기가 아니에요. 이미 많은 기업, 학교, 지자체 등에서 시행하고 있는 저렴하고 좋은 강의도 많아요. 이런 강연들도 조금만 관심을 갖고 찾아보면 비싼 돈을 내지 않고도 들을 수 있고, 유튜브 노하우를 공유해주는 책이나 유튜브 채널도 많죠. 이런 다양한 강의, 강연을 통해 최대한 정보를 수집하고, 자신의 콘텐츠를 많이 실험해 실력을 키우는 것이 좋다고 생각해요.

그때 가서도 답답한 부분이 있다면 그때는 컨설팅이나 고액 강의를 받아도 괜찮다고 생각해요. 왜냐하면 아는 만큼 보이니까요. 그때쯤 되면 처음과 달리 여러분의 질문 수준도 높아지고, 콘텐츠에 바로 적용하기도 쉬워져서 직접적인 도움이 될 수 있을 거예요.

유명세를 이용한 사업, 방송 출연 등

유튜버's Talk ········

이 부분은 제가 직접 겪어본 분야
가 아니라서 짧게 언급할게요.

·······················

광고와 출판, 강의 이외에도 유명 유튜버는 자신만의 굿즈를 만들어 판매하거나 채널 브랜드와 연관시켜 다양한 사업을 진행해볼 수도 있어요. 이미 여러분은 많은 뷰티 크리에이터가 자신의 이름을 딴 화장품을 출시하는 것을 봤을 겁니다. 방송 출연과 관련해서는 제가 작가로 일해본 경험이 있기 때문에 좀 더 드릴 말씀이 많을 것 같아요. 자신에게 '관종'의 피가 흐르고 있다면 유튜브를 넘어 방송 출연에 진출하는 것도 좋다고 생각합니다. 예전에 방송 일을 할 때, 출연자에게 방송 출연료를 정산해주는 일을 자주 했기 때문에 이 분야의 단가를 대충 알고 있어요. 방송 출연료와 자신이 TV에 진출해 얻을 수 있는 유명세를 고려했을 때 어느 정도는 만족스러운(?) 일이 될 수 있을 것이라 생각합니다.

유튜버's Talk ········

참고로 일반인들에게는 친숙하지
않은 용어이긴 하지만, 미디어에
서 OSMU(one source multi use)
라는 말이 있어요. 하나의 콘텐츠
를 영화, 게임, 책 등의 다양한 방
식으로 개발해 판매하는 전략을
일컫는 단어랍니다.

·······················

OSMU 전략을 이용하면 작은 투자 비용으로도 여러 부가가치를 얻을 수 있는데, 그 대표적인 예로는 〈흔한 남매〉를 들 수 있어요. 〈흔한 남매〉는 SBS 개그맨들이 흔한 남매들의 일상을 보여주는 상황극 채널이에요. 영상 자체로도 큰 사랑을 받았는데, 이 상황극을 해당 소속사에서 글 작가, 그림 작가를 붙여 만화책으로 출시해 단숨에 베스트셀러가 됐지요.

정리하면, 많은 유튜브 크리에이터가 일하는 동안 여러 가지 부수적인 수입원을 찾기 위해 많은 노력을 합니다. 그중에는 자신과 잘 맞는 일도 있었고 그렇지 못한 일도 있죠. 사실 모든 분야를 욕심 내는 것은 무리이고, 이 중에서 자신이 직접 해보고 맞는 일을 찾아가는 것이 가장 현명할 것입니다. 하지만 유튜버를 계속 하고 싶다면, 반드시 본업에 충실해야 합니다. 다른 부수입에 너무 눈독을 들이다가 기존 구독자들이 떠나버리는 경우가 종종 발생하기 때문입니다. 유명 유튜버의 타이틀을 걸고 하는 부가적인 일이니 만큼 시청자들이 떠나버리면 그동안 집착했던 부수입들이 물거품이 되는 건 시간 문제 아닐까요?

한 달에 보통 사람의 연봉을 벌면 어떤 기분이 드나요?

처음에 유튜브를 시작했을 때 월에 딱 200만 원만 정도 벌어서 사람 구실을 하는 것이 목표였어요. 수익이 나기 시작한 이후에는 생각보다 이 수치가 빨리 달성됐고, 정신을 차려보니 이보다 10배, 20배를 버는 날들이 계속 이어졌죠.

사람이라는 게 간사한 것이 이런 상황이 몇 달 동안 이어지다 보면 어느새 이 많은 수익이 '당연하게' 느껴진다는 것이에요. 5,000만 원씩 버는 달이 몇 달 이어지다 보면 3000만 원을 버는 날이 쪽박 달처럼 느껴지는 것이지요. 사실 월 3,000만 원도 어마어마한 금액인데 말이죠.

또 하나 재미있는 것은 이 수익을 주변 사람들과 (무조건 저희 채널보다 잘되는 채널만) 비교하게 된다는 것입니다.

유튜브는 항상 잘 나가는 채널을 눈에 보이는 곳에 띄워줍니다. 경쟁 채널이 대략 얼마쯤 버는지를 유추할 수 있는 정보를 쉽게 얻을 수 있어 경쟁심과 불안한 감정을 극대화시키죠. 많은 사람이 유튜브를 하면서 피폐해지는 이유이기도 합니다.

어느 정도 시간이 지나 그간 매몰됐던 시야에서 빠져나오고 보니 이제는 타인의 부를 마주해도 고통스럽게 느껴지지 않게 됐어요. 타인이 많은 돈을 벌었다고 해서 내가 갖고 있는 통장의 잔액이 줄어드는 것은 아니니까요!

정부와 동업한다고요?

"유튜브 크리에이터에게 대한민국 정부는 ○○○이다?"

이에 대한 대답은 어떻게 활용하느냐에 달린 것 같아요. 보통 크리에이터의 경우 일단 자신의 채널을 개설해 활동하다가 수익이 발생하면, 그 뒤에 세금 문제 등을 처리하는 경우가 많은데, 저의 경우는 조금 다르게 시작했어요.

저는 전업 유튜버로서 원대한 꿈(?)을 품고 처음부터 사업자등록을 신청한 후 유튜브를 시작했어요. 여기엔 몇 가지 이유가 있었어요.

첫째, 혹시라도 나중에 수입이 발생하면 최대한 세금을 감면받기 위한 '비용 처리'를 하기 위해서였죠.

대한민국에 살고 있는 한 우리는 모두 소득 활동에 대한 세금을 냅니다. 유튜브 크리에이터라고 해서 예외는 아니죠. 내가 벌어들인 모든 금액, 즉 총 매출에서 사업 활동을 위해 지출한 금액을 뺀 부분이 세금의 대상이 되는데, 이를 '과세표준'이라고 합니다. 결국 '매출 - 비용 = 과세대상'이다 보니 비용 부분에 대한 지출을 미리 기록해놓아야 나중에 발생한 순이익에 대한 세금을 줄일 수 있어요.

그렇다면 사업자등록을 하지 않을 경우 이 비용에 대한 부분을 청구할 수 있을까요? 물론 방법은 있어요. 프리랜서도 종합소득세 신고를 할 때 어느 정도를 비용으로 청구해 세금을 줄일 수 있죠. 하지만 내가 사용한 비용을 청구하기에는 사업자 등록이 유리하다고 판단했어요.

현행법은 연간 1만 달러인 외화가 국내에 송금되면 신고를 해야 합니다. 유튜버에 대한 세무 감독이 느슨해 탈세의 유혹이 컸던 예전과 달리, 최근에는 유튜버에 대한 국세청의 감시가 심해지고 있기 때문에 피하기도 어려워요. 누구나 내는 세금! 낼 건 내고 사는 게 마음 편한 것 같아요.

과세표준	세율	누진공제
1,200만 원 이하	6%	
1,200만 원 초과 ~ 4,600만 원 이하	15%	108만 원
4,600만 원 초과 ~ 8,800만 원 이하	24%	522만 원
8,800만 원 초과 ~ 1억 5,000만 원 이하	35%	1,490만 원
1억 5,000만 원 초과 ~ 3억원 이하	38%	1,940만 원
3억원 초과 ~ 5억원 이하	40%	2,540만 원
5억원 초과	42%	3,540만 원

종합소득세율표

 유튜버's Talk ········

여기서 꿀팁 하나! 현재 대한민국에는 청년의 요건(만 34세 이하 내국인) 이외에 다양한 조건을 갖추고 창업할 경우, 세금을 많게는 100%까지 5년 동안이나 감면받을 수 있는 제도가 있어요.

········

위 표와 같이 노동의 댓가로 받는 수입의 일정 부분을 세금으로 냅니다. 보통 15~24%의 세율 구간이 가장 많은데, 최대 24%라고 가정해보면 우리와 같은 보통의 사람들은 12개월 중 2개월 반 정도는 사실 국가를 위해 노동하고 있다고 볼 수 있죠.

제가 창업할 당시에는 소득세, 법인세를 3년은 75%, 나머지 2년은 50%의 세금을 감면받을 수 있었어요. 현재 개정된 법에는 100%를 5년 동안 감면받을 수 있어요.

저는 욕심을 부려 세금을 탈세하기보다는 정부가 만들어놓은 좋은 제도를 활용하는 쪽을 택했어요. 물론 처음 사업자등록을 만들 때는 '과연 내가 유튜브로 수익을 낼 수 있을까?'라는 생각을 했지만, 결론적으로는 매우 잘한 결정이라 생각합니다.

2017년도는 수익보다는 지출 금액이 더 많아 적자를 기록했기 때문에 웃프게도 세금을 낼 필요가 없었어요. 하지만 2018년도에는 사실 상당히 많은 금액을 세금으로 내야 했지만 이 제도를 이용해 세금을 엄청나게 아낄 수 있었죠!

관심 있게 찾아보면(특히, 사업자나 법인을 가졌다면) 생각보다 많은 정부의 혜택을 발견할 수 있어요. 만약 편집자나 직원을 둔다면 일자리 안정 지원 자금, 두루누리 지원금, 청년 채용 지원금 등 정부가 챙겨주는 부분이 많죠. 하지만 이런 제도는 본인이 적극적으로 찾아보고 신청하지 않으면 아무도 챙겨주지 않아요. 결국, 정부에서 제공하는 여러 제도를 얼마만큼 살뜰하게 활용하느냐에 따라 정부가 여러분의 좋은 파트너가 될 수도 있고 내 돈을 빼앗는 얄미운 대상이 될 수도 있어요.

그래서 저는 유튜버를 직업으로 삼기로 마음먹었다면, 일단 사업자등록을 내는 것을 추천합니다(직장에 다니고 있다면 조금 이야기가 다를 수 있겠죠). 물론, 여기에는 좀 번거로운 행정 작업과 회계 장부 처리라는 부수적인 노동과 비용이 뒤따릅니다. 직접 사업자등록을 해보니 사업자 운영에는 생각보다 많은 행정 처리가 필요하다는 것을 알게 됐어요. 이것들은 사실 상당히 귀찮기도 하고 처음 접하면 굉장히 복잡하고 어려운 부분이기도 합니다.

특히, 앞서 설명한 비용 처리 부분은 매번 내가 어떠한 것을 사용할 때 기록을 꼼꼼히 해야 합니다. 내가 사용한 것이 사업상 비용으로 인정받을 수 있을지 여부도 체크해야 하죠. 보통의 경우 회계사 사무실에 의뢰해 진행하기도 하는데 '기장료'라는 항목으로 매월 10만 원 남짓한 수임료를 요구합니다.

 유튜버's Talk ·········
수입이 0원이던 시절에는 세무사 수임료도 굉장히 부담돼 2017년 유튜브 첫 해에는 직접 공부해 세금 처리를 진행하기도 했어요.

결론적으로 말하면, 수입이 있는 경우에는 세무는 전문가에게 맡기고 콘텐츠에 집중하는 것이 좋아요(역시 전문적인 일은 전문가에게!). 저는 회사의 행정 처리는 남편이 어느 정도 알고 있었기 때문에 많은 도움을 받을 수 있었어요. 하지만 매출 규모가 커지고 이에 따른 지출이 커지면서 도저히 행정 처리에 대한 부분을 맡길 수 없게 됐어요.

유튜버's Talk ·········

·························

물론, 돈을 아끼고 싶다면 전문가의 도움 없이 회계 처리를 할 수도 있어요. 하지만 인터넷으로만 찾아보고 세무 처리를 하다가 혹여 세금을 좀 더 감면받을 수 있는 방법을 놓칠 수도 있죠. 저는 회계사가 세금 신고를 누락하거나 문제가 될 만한 일을 미리 막아준다는 점이 가장 좋았어요. 사업자등록을 하지 않고 프리랜서로서 유튜브 크리에이터로 활동한다 하더라도 수익이 조금씩 나기 시작한다면, 한 번쯤은 회계사 사무실을 방문해 세금 관련 상담을 해보길 바랍니다.

그리고 한 가지 더 중요한 것은 회계사 사무실을 찾을 때 해당 사무실의 블로그나 홈페이지를 잘 확인해야 해요. 사실 아직까지도(특히 지방 쪽에는) 유튜브 크리에이터의 수입 구조에 대한 이해가 부족한 회계사 사무실이 많은 편입니다. 그렇기 때문에 회계 사무실의 포트폴리오를 한번 체크해보고 유튜브 크리에이터나 최소한 애플리케이션 개발자 등의 회계 처리를 진행한 이력이 있는 곳에 의뢰해 회계 업무를 진행하길 바랍니다.

이러한 준비가 없으면 갑자기 늘어난 수입 금액 때문에 종합소득세 신고 시 어마어마한 세금을 내야 할 수도 있어요. 아무쪼록 유튜브 크리에이터를 꿈꾼다면, 세금과 정부 지원이라는 두 가지 키워드는 본인이 꼭 찾아보고 대비하길 바랍니다.

크리에이터를 위한 업종 코드가 있다고요?

2019년 9월 1일부터 크리에이터를 위한 업종 코드가 신설됐어요! 업종 코드는 940306, 921505입니다. 특히 921505는 과세사업자를 위한 업종 코드로, 창업 중소 기업 세액 감면 등의 세액 감면을 적용받을 수 있어요. 혹시라도 과세 대상의 업종 코드를 소유하고 있다면 세무서에 방문하거나 국세청 홈텍스를 이용해 업종 코드를 변경하세요.

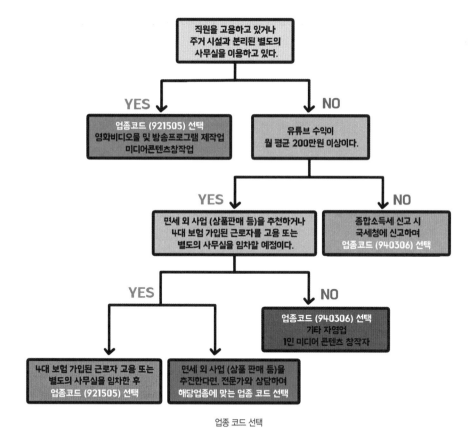

업종 코드 선택

청년을 위한 '청년 창업 중소기업 세액 감면' 제도

	수도권 과밀 억제권역	수도권 과밀 억제권역 X
청년	50% 감면	100% 감면
청년 X	감면 없음	50% 감면

청년 창업 세금 공제

요건을 갖춘 청년이라면 수도권 과밀 억제 권역 외의 지역에서 창업하면 5년간 무려 100% 소득세나 법인세를 감면해주는 제도가 생겼어요. 100% 감면이란, 세금을 내지 않아도 된다는 말이기도 합니다. 아주 솔깃한 제도죠?

대표가 청년일 경우에는 수도권 과밀 억제 권역일 경우와 그렇지 않은 경우에 따라 소득세나 법인세를 감면받을 수 있어요. 위 표를 보면 수도권 과밀 억제 권역이 아닌 곳에서 청년이 창업하면 100% 감면 혜택을 받을 수 있는데요. 설사 그렇지 않더라도 여러분이 청년이거나 비수도권 지역에서 창업하면 50%의 세액 감면을 받을 수 있으니 꼭 참고하시길 바랍니다.

사업을 통해 최초의 소득이 발생했던 과세년도, 다음 해 과세년도 시작일부터 4년 동안, 즉 총 5년간 소득세나 법인세가 감면됩니다. 사업을 시작했는데 소득이 발생하지 않았다면 바로 적용되지 않으며, 사업을 개시하고 소득이 없으면 5년이 되는 날까지는 세액 감면을 적용하지 않아요. 5년이 되는 날이 속한 연도가 최초의 세액 감면 과세년도가 됩니다.

사업을 통해 최초의 소득이 발생했던 과세년도, 다음 해 과세년도 시작일부터 4년 동안, 즉 총 5년간 소득세나 법인세가 감면됩니다. 사업을 시작했는데 소득이 발생하지 않았다면 바로 적용되지 않고, 사업을 개시하고 소득이 없으면 5년이 되는 날까지는 세액 감면을 적용하지 않아요. 5년이 되는 날이 속한 과세년도가 최초의 세액 감면 과세년도가 됩니다.

신청 방법

직접 신청해야만 세액 감면 혜택을 볼 수 있어요. 종합소득세 신고나 법인세 신고 등 소득세 신고를 할 때 세액 감면 신청서를 함께 제출해야 합니다.

창업으로 볼 수 없는 경우

❶ 합병, 분할, 현물 출자 등 사업의 양수를 이용해 이전 사업을 승계하거나 이전 사업에서 사용하던 자산을 인수 또는 매입해 똑같은 형태의 사업을 지속할 때

❷ 개인사업자가 법인으로 전환할 때

❸ 폐업 후에 사업을 재개시해 폐업 전과 같은 사업을 지속할 때

❹ 사업이 커져 단순 확장하거나 타 업종을 추가할 때

❺ 이외에 실제 영위하는 사업 내용에 따라 창업으로 볼 수 없을 때

---

* 청년

청년의 범위는 만 15세 이상 만 34세 이하입니다. 군 복무를 했다면 해당 복무 기간도 감안(최대 6년)해 연장됩니다. 세액 감면을 받고 싶다면 개인사업자로 창업하는 경우 대표자가 청년이어야 합니다. 법인의 경우 청년이 대표자이면서 지배 주주 등으로서 최대 주주 또는 최대출자자여야 합니다.

** 수도권 과밀 억제 권역

정부는 수도권에만 인구와 산업이 과밀해지는 것을 억제하기 위해 '수도권 과밀 억제 권역'이라는 것을 선정하고 있어요. 과밀 권역 외에 회사나 공장, 관공서가 이전하게 함으로서 지역 균형 발전을 꾀하고 있는 것이지요. 청년 창업 중소기업 소득세, 법인세 감면의 경우도 이 정책에 따라 차등을 두고 있어요. 현재 수도권 과밀 억제 권역은 서울특별시 전체, 인천광역시 일부, 남양주시 일부, 시흥시 일부가 해당된다고 하니 해당 지역에 계신 예비 창업자는 참고하세요!

*** 소득세 및 법인세 세액 감면 대상 업종

모든 업종이 세액 감면을 받을 수 있는 것은 아닙니다. 오른쪽 표에 해당하는 업종에만 적용된다는 걸 잊지마세요!

청년 창업 세금 공제

유튜브의 수명은
언제까지일까?

많은 사람의 '꿈'이라 불리는 유튜버. 그들의 수명은 마치 TV 속 연예인들의 패턴을 따라갑니다. 새로운 얼굴이 나오고, 열광하고, 사라지고, 곧 잊혀지죠. 그리고 그 자리를 다른 누군가가 대신하게 됩니다. 꿈을 이루는 것조차 쉽지 않은데, 황홀한 전성기는 너무 짧습니다. 그렇다면 유튜버 이후 나머지 그 긴 삶은 어떻게 이어질까요? 그리고 그 시간을 대비하기 위해 우리가 미리 알아야 할 것은 무엇일까요?

미래가 불안한 크리에이터의 뇌 구조

유튜버의 수명은 어디까지일까? 꿈만 같았던 전성기가 언
제까지 이어질지 두렵다. 하루하루가 살얼음판 같은 시기.
미래를 위한 준비가 필요하다.

유명세는 잠깐이지만,
인생은 길다

얼굴 공개의
명과 암

"출연 한번 해볼래?"

많은 팬을 확보했던 KBS〈저널리즘 토크쇼 J〉를 기획한 김
대영 기자가 저에게〈저널리즘 토크쇼 J〉의 유튜브 채널인 J 라
이브에 출연할 생각이 없느냐고 물었어요. 첫 회부터 본방 사
수했던 채널이라 애정이 크기도 했고, 배우 정우성 씨도 출연
할 만큼 자리잡았던 프로그램이었기에 고민을 했어요. '나 같은
평범한 사람이 할 말이 있을까?'라는 생각이 들었어요. 저와 같
은 얼굴 없는 유튜버에게는 자주 오는 기회가 아니었기 때문에
한 달 동안이나 고민했어요.

하지만 결국 사양했어요. 그 이유는 크게 두 가지였지요.

첫째, 매출을 공개해야 한다는 부담감(?)이 있었어요. 당시만 해도 대기업 직장인의 연봉을 한 달에 벌고 있었는데, 유튜버의 수익은 당장 다음 달에 0원이 돼도 이상하지 않을 만큼 안정성이 매우 떨어지죠. 보통 사람들은 잘 나갈 당시 제가 벌어들인 돈의 액수만 기억할 뿐, 이후에 이어질 삶에서 겪게 될 실패에는 별 관심이 없어요. 잘 나갈 때 자랑하고 다녔다간 소위 '망했을 때' 받는 타격이 너무 크죠. 저는 주위 사람들이 상황이 어떻든 제 옆에 오래 있어주길 바랐고, 그렇기 때문에 더욱 수익에 대해 함구하려고 노력했어요.

둘째, 제가 보유하고 있는 미디어에 대한 '편견' 때문입니다. 예전에 저는 방송 콘텐츠 생산자로 참여한 적이 있었어요. 그때 저는 미디어라는 것은 '1+1' 같다고 생각했어요. 미디어는 유명세, 돈과 같은 많은 사람이 원하는 것을 빨리 가져다주지만, 그만큼의 고통을 안겨줍니다. 공인은 아니지만, 어쩌면 공인보다 더 철저하게 많은 요구를 받죠. 특히, 요즘에는 유명인이 말 한마디 잘못했다가 사회적으로 매장당하는 일도 쉽게 볼 수 있어요.

이미지 소비와 사생활 관리

유튜브 시청자는 처음 본 사람에게 호기심을 느끼고 그 사람과 자주 접하면서 친근함을 느끼죠. 미디어에 많이 노출될수록 그 사람의 인기는 올라갑니다. 하지만 어느 정도 지나면 과다한 이미지 소비로 지겨워지는 시점이 옵니다. 대부분의 유명인들은 이 시기에 방심해서 실수를 저지르기 마련이죠. 미디어는 이것을 절대 놓치지 않아요. 미디어가 가장 좋아하는 것은 가장 높은 곳에 올려놓고, 가장 낮은 곳으로 추락시키는 것이니까요. 저는 이런 미디어의 속성 때문에 많은 사람에게 자신을 노출하는 사람들은 마치 아쿠아리움의 투명한 어항 속에 산다고 생각하면서 사생활까지도 철저하게 관리해야 한다고 생각합니다.

 유튜버's Talk ·········

그간 다른 사람에게 크게 피해주지 않고 살아왔다고 생각하는데, 솔직히 30년 동안 유리알처럼 맑고 깨끗한 삶을 살았다고는 자신하진 못하겠어요.

·························

제가 기본적으로 카메라에 출연하지 않는 콘텐츠를 만들어 온 이유도 이 맥락이에요.

저에게는 얼굴도 모르는 누군가에게 알려지는 삶보다는 현재 이 땅에 발을 붙이고 있는 삶이 가장 소중하다고 생각해요. 나의 사랑하는 가족과 존경하는 친구들 그리고 앞으로 만날 여러 사람에게 조금이나마 도움이 되는 존재가 되는 것, 새로운 것에 도전하고 그에 맞춰 매일 성장하는 삶이 제가 바라는 가장 큰 행복이기 때문에 저는 그 행복을 깨고 싶지 않았어요.

살다 보면 상황이 어떻게 바뀔지 모르고, 삶의 어느 순간에는 저도 제 얼굴을 내놓고 콘텐츠를 만들 수도 있을 거라는 생각을 하곤 합니다. 제가 알고 있는 많은 유튜버도 처음에는 얼굴을 내놓지 않고 콘텐츠를 만들다가 자신의 얼굴을 공개하는 경우가 많아요.

그렇다고 유명인이 되지 말라는 이야기는 아닙니다. 단지, 미디어의 달콤하지만 잔인한 속성을 미리 알고 대비하는 것이 좋다고 생각합니다. 지나간 세월이야 어쩔 수 없지만, 인기를 얻은 이후의 태도에 따라 이를 오래 유지할 수도, 그렇지 않을 수도 있어요. 예전에 방송국에 있을 때, 한 유명 개그맨에 대한 평가를 들은 적이 있어요.

"그 사람은 별로 재미도 없고 끼도 없는 것 같은데, 처신을 참 잘해. 사람이 참 인성이 좋고 겸손하다고 할까. 그래서 20년 넘게 PD, 작가들이 계속 그를 불러주나 봐."

 유튜버's Talk ········

광고주들도 인성이 좋은 사람을 선호합니다. 출연자가 자칫 실수를 범한다면 자신들의 제품 이미지에도 타격이 받기 때문이죠. 따라서 평소에도 자기 관리를 잘 해두는 것이 좋겠죠?

························

구독자 200만의
채널을 정리하다

**키즈랩을
운영하지
않는다고?**

2019년 1월경으로 기억합니다. 키즈 크리에이터 사이에서 흉흉한 소문이 돌기 시작했어요. 곧 유튜브에서 키즈 채널을 정리(?)한다는 것이었지요. 그저 소문으로 치부할 수는 없었던 이유는 그럴 만한 징조가 있었기 때문입니다. 잘 알려지진 않았지만, 2018년까지 유튜브는 엄청난 트래픽이 발생하는 영역이므로 키즈 채널을 매우 중요하게 생각해 매년 네 차례씩 세미나를 진행했어요.

YouTube Kids Lab

안녕하세요

2018년 11월 30일 (금) YouTube Kids Lab 2018 Q4 행사에 초대드립니다!
아침 저녁으로 바람이 쌀쌀해지고 2018년도 얼마 남지 않았습니다 11월의 마지막날
YouTube Kids Lab을 열게 되었습니다 이번 행사에서는 2018/19년 관련 인터넷 트렌드를 살펴보고 유튜브에서 데이터를 얻고 분석하는 부분에 대해서 이야기해 보려고 합니다

이번 행사는 삼성역에 위치한 캠퍼스 서울에서 행사가 열리게 됩니다 아래기를 눌러 참석 신청을 부탁드립니다

유튜브 키즈랩 초청 메일 발췌

**유튜버's
Talk**

유튜브에서 온 세미나 참석 요청 메일. 그동안 유튜브 영상으로만 보던 동종 업계의 유튜버들을 볼 수 있는 첫 기회였어요.

저도 이 행사에 한 차례 참여한 적이 있었어요. 당시에 〈핑크퐁〉이나 〈캐리와 장난감 친구들〉 같은 큰 채널의 담당자들이 나와 성공 사례를 공유해줬어요. 마지막엔 유튜브 코리아 담당자가 최근 어린이 채널 트렌드에 대해 친절하게 설명해주기도 했지요. 저와 같은 키즈 크리에이터뿐 아니라 각종 캐릭터 애니메이션 회사, 1인 크리에이터를 관리해주는 소속사(MCN) 직원들도 참여해 서로 교류할 수 있는 기회를 제공해줬어요. 그런데 그 세미나가 2018년을 마지막으로 더 이상 열리지 않았어요. 한 마디로 유튜브가 키즈 영역에 더 이상 신경 쓰지 않겠다는 것이었지요.

시작할 때부터 오래 할 수는 없을 거라 예상은 했지만, 그 시기가 생각보다 빨리 찾아올 것 같다는 예감이 들었어요. 저는 유튜브를 운영하는 내내 입버릇처럼(특히, 저작권 경고를 2번 받은 시점부터는) "우리 채널은 내일 망해도 이상하지 않다."라고 말했어요. 이렇게 말했던 이유는 실제 그렇게 생각하기도 했고, 마음을 비우고 있으면 나중에 올 충격에 좀 더 담담하게 받아들일 수 있을 거라 생각했기 때문이에요. 그래도 내심 이 채널을 5년 정도는 유지할 수 있을 것이라 생각했는데, 만 3년도 되지 않은 시점에 키즈 채널은 저물어가고 있었죠.

유튜버들은 다른 크리에이터와 어떻게 교류하나요?

새내기 크리에이터 때 강남의 모 호프집에서 제 채널과 비슷한 규모의 크리에이터(구독자 5,000~2만 사이)들이 모여 서로 교류하는 행사에 참여한 적이 있어요. 당시 한국 유튜브 법인에서 모든 비용을 지원했고, 덕분에 여러 유튜버와 많은 대화를 나눴던 기억이 납니다.

그 이후 한국 유튜브 법인에서 주최하는 키즈 크리에이터들을 초대해 진행하는 유튜브 세미나에 참여했어요. 아무래도 관심사가 비슷하다 보니 좋은 대화를 나눴던 기억이 납니다. 연락처도 서로 주고받아 행사가 끝난 후에도 서로 궁금한 게 있으면 연락해서 물어보곤 했어요. 예를 들어, '촬영할 때 어떤 캠코더를 사용

하는지', '유튜브 알고리즘이 변했을 때 상대방의 채널은 어떤 상황인지' 등을 말이죠.

마지막으로 제가 속해 있는 MCN의 연말 파티에서 다른 크리에이터 분을 만날 수 있었어요. 이 경우에도 비슷한 부류의 채널끼리 자리를 배치받죠. 평소에 즐겨봤던 20~30대 타깃의 채널 크리에이터들도 만날 수 있어서 좋았어요. 하지만 이것 또한 잠깐 인사하고 명함을 주고받는 수준이기 때문에 실질적인 교류까지 이어지긴 어려운 것 같아요. 혹시, 여러분 중에 어떤 크리에이터와 꼭 가깝게 지내고 싶다면, 관련 분야의 유튜버로 성장하시길 바랍니다. 그러면 언젠가 그분이 먼저 당신을 알아볼 날이 올 테니까요!

유튜브 크리에이터 네트워크 행사

'올 것이 왔다!' 알고리즘이 바뀌다!

2019년 여름, 그해 초에 있었던 수상한 조짐이 그저 허무맹랑한 소문으로 끝날지도 모른다는 기대를 하고 있을 때였어요. 반 년 동안 채널의 조회 수는 예전과 비슷했고 유튜브 측에서도 별다른 움직임도 보이지 않았기 때문이에요. 소문이 돌고 난 후에도 여전히 키즈 채널에서는 엄청난 트래픽이 발생했어요. 트래픽은 유튜브에서도 중요 수익원이기 때문에 아무리 유튜브라도 이를 쉽게 포기하지 못할 거라는 생각이 들기도 했어요.

그러던 6월의 마지막 주쯤, 아침에 일어나 유튜브 크리에이터 관리 페이지를 보고 저는 저작권 경고를 받아 패닉이 왔을 때와 같은 엄청난 스트레스를 받았어요.

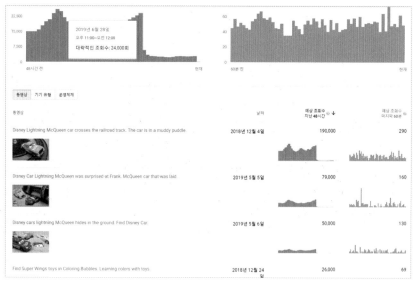

조회 수 폭락

하룻밤 사이에 채널 내의 모든 동영상 조회 수가 급격히 줄어드는 현상이 발생했던 것입니다. 토이위자드의 유튜브의 조회 수는 대부분의 경우 추천 트래픽에서 발생했어요. 그렇기 때문에 알고리즘이 의도적으로 추천을 배제하면 채널의 수익은 급속하게 떨어질 수 있어요. 물론 검색으로 들어오거나 진짜 팬들이 영상을 봐주는 경우도 있지만, 저희 같은 '일반 구독자'가 대부분인 경우에는 추천 트래픽이 매우 중요했어요. 특히 어린이 채널의 운명은 추천 알고리즘이 어떻게 작용하느냐에 달려 있을 정도죠.

 유튜버's Talk ·········

토이위자드 채널의 경우 조회 수가 수익원이었기 때문에 이러한 변화에 취약할 수밖에 없었어요. 하지만 패밀리 채널의 경우 기업 광고라는 또 다른 수익원 덕분에 유지가 가능할 수 있었어요.

··

추천이 갑자기 배제된 키즈 유튜브 크리에이터들은 그야말로 '멘붕'에 빠질 수밖에 없었어요. 기준을 알 수는 없지만, 키즈 채널 안에서도 잘 나오는 영역과 그렇지 않은 영역이 있었어요. 아이들과 어른이 출연해 간단한 상황극을 하는 채널은 영상을 올린 지 하루 만에 2~3억 뷰를 기록하는 등 이전에 경험해보지 못한 엄청난 트래픽을 기록했어요. 반면, 토이위자드 채널처럼 장난감 등을 위주로 하는 대부분의 채널은 트래픽이 적게는 1/3에서 1/5까지 떨어졌어요. 이는 하루에 100만 원을 벌던 채널이 있다면 그게 이제는 20~30만 원밖에 벌 수 없다는 걸 의미했어요.

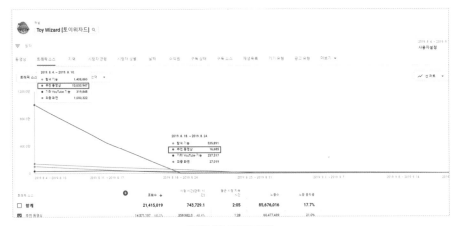

급락한 추천 동영상 트래픽

　　이런 알고리즘의 변화는 2019년 9월까지 체감상 3~4번 정도
는 있었던 것 같아요. 저는 더 이상의 몸부림은 의미가 없다고
판단했어요. 물론, 당시에도 아랍어 적용 등 알고리즘의 허점
을 이용해 어느 정도의 수익은 확보하고 있었지만, 미래는 전
혀 기대할 수 없었죠. 이 책의 시작 부분에서도 언급한 것과 같
이 저에게는 '판을 잘 읽고, 상승 중인 판 위에 올라타야 한다.
가라앉고 있는 판에서는 아무리 열심히 뛰어 봤자 결국 제자리
다.'라는 사업 원칙이 있었어요. 9월 말경 저는 토이위자드 채
널에 더 이상의 자원을 쓰지 않기로 결심했어요.

유튜브의 최후통첩!

하룻밤 사이에 갑자기 알고리즘을 바꾼 유튜브는 그들이 파트너라고 항상 이야기했던 크리에이터들에게 어떠한 사전 고지와 연락도 없었어요. 많은 크리에이터가 유튜브 측에 메일을 보내 이런 상황에 답변해줄 것을 요청했지만, 원론적인 입장만 되풀이할 뿐이었어요. 어린이 콘텐츠에 대한 변화가 있을 것이라는 유튜브 측의 공식적인 메일은 9월이 돼서야 받을 수 있었죠. 그것도 알고리즘에 대한 이야기는 없고 법적 문제에 따른 정책 변화 정도였어요.

정책에 대한 이해

앞으로 몇 개월 안에 크리에이터분들은 콘텐츠가 아동용으로 제작되었는지 여부를 YouTube에 알려주셔야 합니다. 아동용 콘텐츠 기준에 대한 추가 정보는 자체 지정 도구에서 제공될 예정입니다. 또한 YouTube는 아동용 캐릭터, 테마, 장난감, 게임 등을 주로 다루는 동영상을 비롯해 어린이 시청자를 대상으로 하는 것이 분명한 동영상을 머신러닝으로 식별할 예정입니다.

YouTube는 아동용으로 제작된 모든 동영상의 데이터 수집 및 사용을 제한할 계획입니다. 즉, 이러한 콘텐츠에는 개인 맞춤 광고가 게재되지 않으며, 이 동영상에서 댓글 등의 일부 기능을 더 이상 사용할 수 없게 됩니다. YouTube에서는 변경사항을 적용하기에 앞서 이번 조치로 영향을 받게 될 크리에이터분들에게 4개월의 조정 시간을 제공하는 방안을 FTC와 협의했습니다.

그동안에는 콘텐츠의 특정 기능을 관리할 수 있는 채널 수준 설정을 사용하도록 선택하실 수 있습니다. 예를 들어 크리에이터 스튜디오의 고급 설정에서 개인 맞춤 광고를 사용 중지하시거나 채널 콘텐츠의 댓글을 사용 중지하실 수 있습니다.

▶ YouTube

안녕하세요

YouTube는 책임을 매우 중요하게 여기며 여기에는 YouTube 플랫폼에서 어린이를 보호하는 책임도 포함됩니다. 이와 관련해 오늘 YouTube는 어린이의 데이터를 더 안전하게 보호하기 위해 YouTube가 취하고 있는 조치를 공유해 드렸습니다.

앞으로 몇 개월 안에 YouTube.com에서 아동용 콘텐츠의 데이터 수집 및 사용 방식이 변경될 예정입니다. 이번 변경사항은 YouTube의 아동 온라인 개인정보 보호법(COPPA) 준수와 관련해 미국 연방거래위원회(FTC)에서 제기한 우려사항을 해소하기 위한 조치입니다. COPPA는 미국 법규이지만 YouTube에서는 관련 처리 방식을 전 세계적으로 변경하고 있습니다.

소문으로만 떠돌던 유튜브의 최후통첩! 4개월의 시간을 줄 테니 정리하라는 공지

안타깝게도 개별 유튜브 채널들은(물론, 그들은 파트너라고 이야기하지만) 유튜브 정책 결정에 어떠한 영향력도 미칠 수 없었어요. 저의 의지, 노력과는 전혀 상관없이 유튜브의 결정에만 채널의 목숨을 내맡기고 있는 상황이 무척이나 무기력하게 느껴졌어요. 그들은 친절한 언어로 파트너를 존중한다고 했지만, 그들이 진정으로 존중하는 것은 (당연하게도) 광고주였어요.

광고주들은 자신의 광고를 구매력 없는 아이들이 보는 걸 원하지 않았어요. 그들로서는 자신들의 광고비가 버려지고 있다고 생각할 만했죠. 솔직히 그들의 입장이 이해가 됐어요. 유튜브 역시 광고 수입을 통해 매출을 벌어들이는데, 광고주들의 입김을 외면하기 힘들었을 것입니다.

또한 매년 키즈 채널들의 크고 작은 아동 학대 사건으로 유튜브의 대내외적인 상황이 좋지 않게 흘러가고 있었어요. 더욱이 미국에서 유튜브가 어린이들의 시청 기록을 모은다는 이유로 엄청난 액수의 벌금을 내게 되면서 상황이 급변하기 시작했죠.

"사악해지지 말자(Don't be evil.),"(나쁜 짓을 하지 않고도 돈을 벌 수 있다는 걸 보여주자는 뜻)라는 모토를 가진 구글의 자회사 유튜브 역시 이 상황을 외면할 수 없었을 것입니다. 억울했지만 이해당사자들의 입장을 이해할 수밖에 없었어요. 결국 언젠가 한 번은 닥칠 일이었지요.

2020년 1월부터 유튜브는 14세(만 13세) 미만 아동의 개인 정보 보호를 위해 키즈 관련 정책을 강화하겠다고 밝혔어요. 그 결과 실제 시청자의 나이와는 별개로 개인 맞춤 광고가 중단됐어요. 시청자 맞춤 광고가 아닌 채널 대상 광고는 붙게 되지만, 수익이 크게 줄어드는 결과를 낳게 됐어요. 또한 영상 내 댓글, 좋아요, 싫어요, 구독이 표시되지 않게 됐어요.

여기서 말하는 아동용 콘텐츠란, 주요 시청자층이 어린이인 (유아, 미취학 아동) 동영상을 말해요. 또한 어린이를 대상으로 하지만 어린이가 주요 시청자층이 아닌 동영상도 포함하는데, 그 예로는 주로 10대를 대상으로 제작됐지만, 저학년 아동도 대상에 포함된 만화 동영상 등을 들 수 있어요. 하지만 유튜브에서 말하는 이런 콘텐츠는 상당히 모호한 경우가 많아요.

현재 유튜브는 머신러닝을 통해 키즈 대상 콘텐츠를 분류하게 됐고, 유튜브에 영상을 업로드할 때 크리에이터가 직접 키즈 콘텐츠임을 표시하도록 바뀌었어요. 이때 콘텐츠를 제대로 분류하지 않으면 불이익을 받게 되지요.

 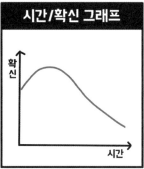 

불확실한 유튜버의 미래

저는 제가 처음 뽑은 첫 번째 정규직 직원의 첫 출근 날을 기억하고 있어요. 회식 겸 간단하게 저녁을 먹고 근처 버스 정류장에 데려다줄 때였어요. 저도 이런 어색한 상황은 처음이라 어찌할 바를 모르다가 직원에게 이렇게 말했어요.

"우리 함께 평생직장을 만들어요."

이 말은 진심이었어요. 아마 그녀도 제 말을 아직 기억하고 있을 테지요.

아끼던 직원들과 평생직장을 만들고 싶었던 저의 꿈은 유튜브 알고리즘의 광풍을 이겨내지 못했어요. 채용했던 두 명의 직원이 이제 막 입사 1년을 넘기고 있던 시점이었지요. 장기근속을 했으면 하는 바람에 만 1년을 채우면 해외여행 지원비 100만 원을 주기로 공약했어요.

틈틈이 찍어 사무실 냉장고에 붙여둔 직원들의 폴라로이드 사진들

직원을 내보내며

공약을 지키고 얼마 안 돼 어이없게도 회사가 문을 닫아야 될 상황이 오고 말았어요. 함께 다른 사업을 해볼까 진지하게 구상도 해봤지만, 준비되지 않은 상황에서 무작정 움직였다간 서로 힘들 것이 뻔해 보였어요.

첫 직원이 들어오고 나서부터 매년 가을에는 해외로 워크숍을 가기로 약속했어요. 첫해에 일본 오사카를 다녀온 후 연초부터 이번 가을에는 어딜 갈지 이야기했는데, 그것마저 불투명해지고 말았어요. 안타깝게도 가을까지 기약할 수 없어 8월 말에 베트남 다낭으로 가기로 했어요. 당시에는 어떻게든 함께할 수 있는 방안을 찾아보자고 간 워크숍이었는데, 결과적으로 보니 이별, 퇴사 여행이 되고 말았어요.

 유튜버's Talk ·········
언젠가 제가 다시 사업을 하게 된다면, 또 다시 만날 수도 있지 않을까 기대하고 있습니다. 고용주와 고용인의 관계로 만났지만, 저희는 여전히 자주 연락하면서 지내고 있어요.
·························

워크숍은 회사의 입장에서는 지출이고 어찌 보면 의미 없어 보일 수도 있지만, 개인적으로는 만족감이 정말 높은 시간이었어요. 항상 열심히 일해준 직원들에게 제가 해줄 수 있는 마지막 선물이기도 했기 때문이죠. 저는 당시 헤어질 때 잘 헤어져야 다시 만날 수 있다고 생각했고, 지금 생각해도 두 직원과 정말 '잘' 헤어졌다고 생각합니다.

감사하게도 두 직원 모두 저와 함께했던 경험을 발판삼아 자신의 이야기를 펼쳐나가는 중이랍니다.

사업을 정리하며

재미있는 이야기는 아니지만, 현실적으로 어떻게 회사를 정리했는지 그 과정을 알려드리고 싶어요. 저는 직원들을 내보낸 후 예상보다 긴 시간 동안 장난감과 투쟁했어요(그간 5,000만 원 정도 장난감을 사는 데 썼으니까요).

유튜버's Talk ········

출산 경험은 없지만, 자식 욕심은 많기 때문에(?) 아이들을 많이 낳으면 이 장난감을 다 가지고 놀 수 있지 않을까 생각해서 그냥 가지고 갈까 생각한 적도 있었어요. 그러기 위해선 최소 70~100평의 집이 필요할 것 같았고, 그럴 만한 여유는 없었기에 현실적으로 중고로 내다 파는 것이 좋겠다는 결론을 내렸어요.

·····························

그래서 처음 시작한 것은 '장난감의 구성품 찾기'였어요. 너무나 많은 장난감이 있었고, 이 부속품이 2층 창고와 3층 사무실에 흩어져 있었어요. 하나의 장난감 또는 플레이 세트를 중고 시장에 팔려면 각각의 구성품들을 채워야 했기 때문에 이것을 찾는 작업이 굉장히 오래 걸렸어요. 이 작업만 해도 1개월은 족히 걸렸던 것 같아요. 물론, 부자의 마인드로 생각해보면 이는 굉장히 비효율적인 일이지만(돈보다는 시간이 더 중요하기 때문에), 저에게는 마음을 정리하는 시간이기도 했어요.

사무실 정리 전

유튜버's Talk ········

조카나 아이가 있는 지인들에게 선물하기도 했지만, 그렇게만 하기에도 너무 많은 양이었어요.

·······················

이후에는 장난감을 일일이 촬영해 인터넷 중고 사이트에 올렸어요. 이것도 하루에 한두 개씩은 꾸준히 팔려 매일 저녁마다 산책 겸 편의점에 택배를 보내러 갔죠. 살 때는 비싸게 주고 샀지만, 팔아보니 손에 쥐는 건 얼마 되지 않았어요. 가격을 대략 구매가의 3분의 1 수준으로 올려 팔았고, 뜯지도 않은 새 제품들도 대략 절반 가격에 올려 팔았어요. 택배를 보내러 갈 때마다 '이게 뭐하는 짓인가?' 하는 생각이 들기도 했어요. 상태가 너무 좋아서 버릴 수도 없었고요. 그래서 그동안 토이위자드 콘텐츠를 봐주었던 많은 아이에게 마지막으로 제공하는 팬서비스라 생각하기로 했어요.

사무실 정리 후

장난감을 처분하는 것 외에도 사업자를 어떻게 할지도 고민이 됐어요. 그간 매달 저 혼자 건강보험료가 62만 원씩 나왔어요. 저는 개인사업자를 갖고 있었는데, 직원들을 고용했기 때문에 저 역시 직장가입자로 신고할 수 있었어요. 다들 잘 알겠지만, 직장인 건강보험료는 고용주가 절반을 내고, 고용인이 절반을 내지요. 저의 경우 이 두 가지 역할에 모두 해당했기 때문에 31만 원 + 31만 원 = 62만 원이 매달 나갔던 것입니다.

웬만한 아르바이트 월급만큼 건강보험료가 빠져나갔기 때문에 매출이 거의 없는 상태에서는 사업자를 유지할 수 없을 거란 생각이 들었어요. 직접 건강보험공단에 가서 폐업을 문의하다가 휴업이라는 방법도 있다고 해서 그 방법을 선택하기로 했어요. 폐업과 거의 비슷한 효력을 갖지만, 언제든 매출이 생겼을 때 다시 개업할 수 있고 사업자가 유지된다는 장점이 있었어요. 우리 장난감 채널은 이제 문을 닫지만, 앞으로 제가 또 어떤 것을 하게 될지는 모르는 일이니까요. 휴업 신고를 하고 나니, 직장인 남편의 피부양자로 올라갈 수 있었어요. 이렇게 고정적으로 나가는 매달 62만 원의 돈을 아낄 수 있었어요.

이후에는 창고로 쓰던 2층을 모두 정리하고, 그다음에 3층 사무실을 정리했어요. 그동안 쓰던 사무실 집기는 가족에게 나눠줬어요. 컴퓨터와 주변 기기는 친구들에게 저렴하게 팔기도 했어요. 사무실을 거의 다 정리할 때가 되니 이미 겨울이 돼 있었어요. 창업만 오래 걸리고 힘든 것인 줄 알았는데, 사업을 정리하는 것도 상당히 오랜 시간과 많은 노력이 필요했어요. 사람을 떠나 보내고 나면 애도의 기간이 필요하듯이, 사업도 이와 마찬가지라고 생각합니다. 애정을 쏟고 함께한 시간이 긴 만큼, 이것을 떠나 보내는 데도 시간이 필요했어요. 남편은 빨리 다시 일을 시작하길 원하는 눈치였지만, 저는 일정 기간 만큼은 일을 하지 않고 그동안 제가 배우고 느낀 것들을 충분히 음미하기로 했어요.

후회되는 것들

그동안 추억이 담긴 물건을 정리하면서 저는 여러 가지를 후회했어요. 토이위자드를 운영하면서 후회하는 것 중 가장 큰 한 가지는 바로 위험 신호를 인지하고 나서도 적절하게 대처하지 못한 것이었어요. 2019년 1월만 해도 이 채널을 지속할 수 없을 거라는 여러 신호를 읽을 수 있었고, 실제로 어느 정도는 그 상황을 염두에 두고 있었지요. 그때라도 직원들과 함께 회사 내 자원을 이용해 어린이 콘텐츠가 아닌 다른 콘텐츠에 도전해봤다면 어땠을까 하는 후회가 들어요.

이상과 현실

하지만 저는 그러지 못했어요. 당시 이미 두 번째 장난감 채널인 키즈 위자드가 급속도로 성장 중이었기 때문이에요. 그동안 터득한 성공 공식을 반복한다면 세 번째 채널도 성공할 수 있을 것 같아 보였어요. 직원들도 노하우가 생겨 제가 신경 쓰지 않아도 어느 정도 선에서 콘텐츠의 양과 질을 모두 만족시켜줬어요. 이런 상황이었기 때문에 확실하지도 않은 위험 신호 때문에 새로운 것을 하기보다는 아직 잘되는 것을 계속 하는 편이 낫다는 판단을 하고 말았어요.

또한 저는 나름대로 미래를 대비하기 위해 회사에 항상

현실 회피와 자기 변명

5,000만 원 정도의 유보금을 뒀어요. 상황이 바뀌어도 그때부터 6개월 정도는 직원들과 더 해볼 수 있지 않을까 하는 막연한 기대가 있었지요.

하지만 정작 상황이 닥치니 그게 말처럼 쉽지가 않았어요.

일단 매달 나오는 매출이 직원 월급도 못 맞출 형편이 되고 보니 심적으로 여유가 없어졌어요. 몇 달 전이라면 웃으며 넘어갈 일도, 쉽게 넘기지 못했어요. 사업은 간절함이 아니라 여유로 하는 것이라는 말이 다시 한번 뼈에 사무쳤어요.

제가 생각하기에 콘텐츠는 마음이 조급하면 절대 안 된다고 생각합니다. 저도 사람인지라 매출이 없고 마이너스가 지속되다 보면 그간 직원들에게 관대했던 마음을 유지할 수 없을 것 같다는 생각이 들었어요. 길다면 길고 짧다면 짧은 1년이었지만, 그동안 함께 고생한 이 친구들을 인생에서 잃어버리고 싶

 유튜버's Talk ·········

만약 제가 좀 더 현명했다면, 혹시 결과가 좋았다면, 이 글을 쓰고 있는 지금까지도 여전히 직원들과 함께 일할 수 있지 않았을까 하는 생각이 들곤 합니다.

·······················

지 않았어요. 그랬기 때문에 '콘텐츠를 실험해볼 수 있는 여유가 있었던 1월부터 다른 영역의 유튜브 채널을 시도했다면 어땠을까?'라는 생각을 해봅니다. 당시 '되는 이유'를 찾기보다 '안 되는 이유'만 찾았던 것이 무척 아쉽게 느껴집니다.

지나고 나서야 비로소 보이는 것들

또 한 가지는 토이위자드 채널을 운영하는 시간을 스스로 많이 즐기지 못했다는 것입니다. 저는 토이위자드를 운영하는 내내 평정심을 유지하기 위해 일부러 들뜨지 않으려고 노력해왔어요. 가장 큰 매출이 일어나 통장에 입금되던 날을 기억합니다. 휴대폰에 입금 문자에 잠이 깼는데, 7,700만 원이 입금됐다는 문자였어요. 당시 제가 생각했던 것은 '응, 생각보다 많이 들어왔네.'였어요. 그리고 휴대폰을 끄고 바로 다시 잠에 들었어요. 이런 상황에 익숙해진 탓도 있었지만, 일부러 좋은 감정까지도 자제하려고 노력했어요.

반면, 상황이 좋지 않더라도 너무 심각하게 받아들이지 않으려고 노력했어요. 어차피 상황이라는 것은 대부분 너무 끔찍하지도, 너무 환상적이지도 않으니까요.

직원들을 해고하고, 장난감만 쌓여 있는 사무실에 혼자 돌아왔을 때도 그렇게 슬프거나 비참하게 느끼진 않았어요. 당시 생각했던 것은 '이 많은 장난감을 어떻게 다 정리하지?'라는 현실적인 문제였죠. 그간 유튜브의 변화무쌍한 정책 변화 때문에 마음 졸이며 살아왔는데, 오히려 조금은 시원하다는 생각도 들었어요.

 유튜버's Talk ········
지금 생각해보니 이런 평정심을 유지하기 위한 노력은 유튜브라는 플랫폼이 지니고 있는 특유의 불안정성 속에서 스스로를 지키기 위한 자기방어였던 것 같아요.
·······················

물론 많은 소소한 재미와 에피소드가 있었어요. 하지만 평정심을 유지하려는 노력에도 불구하고 알 수 없는 불안감, 매출에 대한 스트레스, 경쟁 채널의 성장 등으로 저는 스스로를 옥죄어 왔어요. 습관적으로 미래에 대한 불안에 시달리며 강박적으로 '미래 계획 세우기'를 했어요. 그간 일에서 재미를 찾기보다는 불안을 피하기 위해 달려왔다는 생각이 들었어요.

특히 유튜브 조회 수는 노력과 실력이 아닌 운에도 많은 영향을 받는데 당시 조회 수와 수익이라는 가치에 집착했기 때문에 불안감이 더욱 심해지지 않았나 싶어요. 제가 통제할 수 없는 가치 때문에 안정감을 느끼지 못했기 때문이죠. 만약 통제 가능한 가치(재미, 보람, 창의성 등)에 분산투자를 했다면 조회 수 때문에 일희일비하지 않았을 거예요.

불 꺼진 빈 사무실을 혼자 정리하면서 그동안 직원들이 재미로 찍어왔던, 그간의 추억이 담긴 영상을 보았어요. 대단할 것도 없는 사무실에서 밥 먹는 영상, 일하는 영상, 택배 뜯는 영상 등 보잘 것 없는 것이었어요. 그 영상을 보면서 일기장에도 쓰지 않았을, 기억도 나지 않는 그 하찮은 생활이 사실 저에게 가장 소중한 날 중 하나라는 생각이 들었어요. 그때 인생에서 같은 순간은 결코 다시 오지 않는다는 것을 깨달았습니다. 다음에 무슨 일을 하든, 불안보다는 재미를 좇고, 그 순간을 더 소중히 여겨야겠다고 생각했어요.

우울증이 찾아오다

외부 환경의 변화로 회사가 문을 닫고, 하루종일 무기력하고 아무것도 하고 싶지 않은 날이 이어졌어요. 평소 감정기복이 심한 편이긴 했지만, 열정적인 스타일이라 이런 감정이 낯설게만 느껴졌어요.

시간이 지나자 기억력이 급속하게 떨어지기 시작했어요. 기억력이 나쁜 편이 아닌데, 방금 본 책이나 영화에서 본 내용도 구체적으로 기억하기 힘들었어요. 어떤 문제가 생겨 해결 방안을 찾아야 할 때는 머릿속에 아무 생각도 떠오르지 않았어요. 내일, 그리고 앞으로의 미래에 대한 어떤 그림도 그릴 수 없었어요. 동시에 쌀쌀한 날씨 속에서도 손에 땀이 나고, 손바닥에 피가 몰린 것처럼 단단해졌어요.

'불안하다. 뭐 때문에 불안한진 모르겠는데, 그냥 모든 게 불안해.'

 유튜버's Talk ‥‥‥‥

저는 이런 상태를 정확히 기억하고 있어요. 제가 수능 시험 수리 영역 시간에 겪은 상태였기 때문이죠. 인생을 좌지우지하는 시험에 나타났던 엄청난 긴장, 그 긴장 상태가 장시간 이어지고 있었어요.

‥‥‥‥‥‥‥‥‥‥‥‥

겨울이 되자 저의 상태에 대해 이야기하는 것만으로도 금방 눈물이 나올 것 같았어요. 이쯤 되자 침대와 거의 한몸이 돼 살았는데, 화장실을 가는 것 빼고는 아무것도 할 수 없는 무기력한 느낌이 들었어요. 적극적으로 어떤 행동을 취한 것은 아니었지만, '내일 아침에 일어나지 못해도 상관없다.'라고 생각하는 날이 이어졌어요.

직접 겪어본 우울증은 그동안 제가 생각했던 증상과는 좀 달랐어요. 저는 그동안 우울증이 슬픔이 지속되는 상태 또는 우

울한 마음이 지속되는 상태라고 생각해왔어요. 하지만 아니었
어요. 우울증의 주요 증상은 '무기력함' 또는 '무감각함'의 지속
이었어요. 아무것도 하고 싶지 않고, 아무것도 재미있지 않았
어요. 스스로가 이미 죽어 있는 사람처럼 느껴졌어요. 많은 사
람의 통념과 달리, 우울증은 매우 안정적인 상태랍니다. 마치,
푹 젖은 침대에 온종일 누워 있는 느낌이랄까요? 나가서 해야
할 것이 많아 마음이 무거우면서도, 그 상태가 너무 편하게 느
껴져 빠져나오기 힘든 것처럼….

한 달 쯤 지났을까요. 이런 생각이 떠올랐어요.
'나는 살고 싶지 않은 것이 아니라, 이런 식으로 살고 싶지 않
은 거구나. 다시 본래로 돌아가 정말 잘 살아보고 싶다.'
다음 날 남편에게 진지하게 신경정신과 상담을 받아보겠노
라 말했어요. 담당 신경정신과 의사 선생님께서는 '불안장애'와
'우울증'이라는 진단을 내리셨어요. 임신 준비 중임을 감안해
약물 치료보다는 임산부에게도 시도할 수 있는 안전한 기계 치
료, 즉 TMS(경두개자기자극술)를 권유해주셨어요. 하루 체크리스
트를 만들어 작은 과업을 달성하는 연습을 하고 점심 이후 햇
빛이 잘 드는 시간대엔 한 시간씩 산책을 했어요. 이런 활동 덕
분인지 약 3주 정도가 지났을 때는 상태가 눈에 띄게 좋아졌어
요. 아침에 일어나는 것이 그렇게 힘들게 느껴지지 않았고 작
은 일에도 쉽게 미소를 짓는 일이 생기기도 했어요.

우울증 자가진단

미국신경정신의학회 우울증 진단 가이드라인

■ 거의 하루 종일 우울감을 느낀다

■ 활동 양이 예전에 비해 크게 줄었다

■ 의도하지 않았는데도 체중이 눈에 띄게 줄거나 늘어났다

■ 거의 매일 잠을 못 자거나 반대로 잠을 너무 많이 잔다

■ 거의 매일 심한 흥분, 불안 증세가 나타나고 생각과 행동이 느리다

■ 늘 피곤하고 무기력하다

■ 늘 자신을 못났다고 자책하고 지나친 죄책감을 느낀다

■ 집중을 못하며, 어떤 결정을 내리지 못하고 우유부단해진다

■ 반복적으로 죽음, 자살에 대해 생각하고 자살 기도 계획을 세운다

 우울증 진단 기준 체크표

위 항목 중 5개 이상의 증상이 2주일 이상 지속되면서 이로 인해 실생활에 현저한 지장을 받는 경우 우울증 진단을 받을 수 있어요.

우울증 치료

우울할 땐 뇌 과학 / 앨릭스 코브 / 심심

뇌 과학(신경과학)이라는 최첨단 과학을 활용해 우울증이 어떻게 시작되는지, 발병의 원인은 무엇인지, 증상 하나하나의 구체적인 근거는 무엇인지, 그에 따른 폐해는 무엇인지, 그리고 결국은 우울증으로 치닫는 뇌 회로를 다시 돌려세울 방법이 무엇인지 등을 살펴보는 우울증 책!

몇 달 지나고 나서 보니, 불안장애와 우울증이 온 원인도 조금 객관적으로 보이기 시작했어요. 당시 애착을 갖고 있던 사업이 문을 닫은 것도 하나의 기폭제가 되긴 했지만, 좀 더 근본적인 문제가 있었어요. 저는 그동안 상가 건물에서 월세를 내며 생활했는데 4층에서 주거를 해결하고, 3층은 사무실, 2층은 창고로 쓰고 있었지요. 사무실의 장난감 정리 외에는 일을 쉬고 있는 상태였기 때문에 어떤 이벤트를 의식적으로 만들지 않으면 하루종일 건물 밖에 나갈 일이 없었어요. 햇빛 보는 날이 일주일에 한 시간도 채 안 됐던 것 같아요. 모든 것을 건물 안에서 해결하다 보니 운동은커녕 몸을 움직이는 시간도 줄어들었던 것이죠.

우울증의 원인, 건물 안에 갇힌 나

**나를 알아가는
시간,
미래를 위한 준비**

사무실을 정리할 겸 새로운 시작을 위해 저의 첫 보금자리를 찾아 이사하게 됐어요. 그리고 스스로를 다독일 수 있는 좀 더 근본적인 방법을 찾기 시작했어요.

의미를 찾다

어떤 즐거운 이벤트를 만들어도 마음 한구석의 '허한 마음'이 가시지 않았어요.

유튜브를 그만두게 되자 3년 동안 제가 했던 경험과 노력이 물거품된 것 같은 느낌이 들었고, 그 공허한 마음을 무엇으로도 메꾸지 못했어요. 아무리 좋은 곳에 가서 맛있는 음식을 먹어도 그때뿐이었죠. 우울증을 극복하고 공허한 마음을 메꾸기 위해 저는 토이위자드에 대한 제대로 된 애도가 필요하다고 생각했어요.

'누군가에게 이 경험을 공유할 수 있다면! 100명 중 1명이라도 이 경험을 통해 뭔가 배울 수 있다면!'

그래서 생각한 것이 바로 출판이었어요. 의지박약인 탓에 혼자서는 그간의 많은 경험을 제대로 정리할 수 없을 거란 생각이 들었어요. 그렇기에 좀 더 강제적인 틀이 필요했어요. 저는 끈기가 없는 편이라 반드시 해야 할 일이 있다고 생각하면 '주변의 압박이 있어서 반드시 해야만 하는 시스템'을 만들어내곤 했어요.

출판사와의 계약이 바로 저에겐 그런 시스템이었어요. 남편에게 이야기하니 아이디어는 좋지만 그게 실제 성사될지는 의문이라는 반응을 보였어요. 하지만 저는 이런 시스템을 만들 때 항상 생각하는 것이 있어요.

'출판사에 제안해보고 안 되면 말지 뭐. 제안서 쓰는 데 돈이 드는 것도 아니고….'

 유튜버's Talk ········

미팅 당일에 왜 혜강언니를 통해 연락하지 않았냐고 물어보셨어요. 제가 그날 어떻게 답변했는지 기억나진 않지만, 이런 일일수록 인맥이 아닌 시장의 평가를 냉정하게 받는 것이 맞다고 생각했어요.

························

그날 밤 총 3곳의 출판사에 기획서를 써서 보냈고, 감사하게도 한 출판사에서 미팅하자는 연락을 받았어요. 미팅은 생각보다 순조롭게 풀렸어요. 공교롭게도, 혜강언니가 저자였던 《유튜브로 돈 벌기》를 출판했던 곳이었어요. 이 책을 함께 만들었던 담당자분이 저를 담당하게 됐죠.

길면 길고 짧으면 짧은 반 년의 시간동안 저는 책을 정리하면서 또 다른 의미를 찾았어요. 저의 경험, 첫 자식과도 같은 토이위자드 채널이 태어나고 사라지는 과정을 공유하는 것으로 어떤 이에게는 간접 체험의 기회를, 또 다른 어떤 이에게는 시행착오를 줄일 수 있는 팁을 줄 수 있겠지요. 저는 유튜브 정책이라는 환경을 통제할 수는 없었지만, 제 삶 속의 주어진 상황 속에서 다른 의미를 만들어낼 수는 있었어요. 이렇게 토이위자드 채널이 마지막엔 누군가에게 도움을 주고, 유튜브의 무대 뒤로 사라지게 될 수 있게 돼 정말 기쁩니다.

아는 것과 하는 것

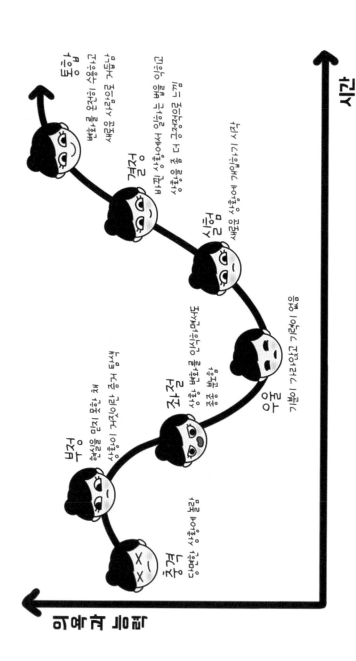

감정곡선 그래프

**공든 탑이
무너진다?
계정이
해지되다!**

유튜브를 운영하며 가장 걱정했던 일이 현실로 일어났어요. MCN의 매니저에게 연락이 왔어요. 계정이 해지됐다고! '혹시나 로그인했는데, 채널이 없어졌다고 나오지 않았을까?' 3년 내내 아침마다 유튜브 로그인을 하면서 조마조마한 마음이었어요. 실제로 저희보다 큰 채널도 하루아침에 사라지는 것을 눈으로 봤기 때문이죠. 겉으로 보기에도 확연히 문제가 있는 채널이면 그 충격이 좀 덜할 텐데, 슬라임으로 아름다운 조형을 만들던 모 유튜브 채널이 없어지는 걸 보면서 남의 일처럼 느껴지지 않았어요.

'저런 채널도 없어진다고?'

정말 귀신이 곡할 노릇이었어요.

나름대로 유튜브의 무서운 칼날을 피하기 위해 '채널 삭제'에 대한 나름의 패턴을 연구해봤어요. 폭력적이거나 자극적인 콘텐츠, 분쟁을 유발하는 콘텐츠, 창의성 없이 반복적인 콘텐츠, 저작권 위반 콘텐츠 등이 대다수였어요. 확실하진 않지만, 저는 슬라임 채널의 경우 '창의성 없이 반복적인 콘텐츠'의 범주에 들었을 것이라 추측했어요. 무리하게 같은 콘텐츠를 약간의 편집만 바꿔 짜깁기했을 거라는 생각도 들었어요. 진짜 채널 삭제 이유는 유튜브만 알고 있겠지만요.

토이위자드의 경우 채널을 접을 때까지 무사할 거라고 생각했어요. 하지만 아니었어요. 저 역시 그 칼날을 피하지 못했던 것이죠! 엄청난 수익을 벌어들이고 있을 때 채널이 없어졌다면 더 큰 충격을 받았겠지만, 수익을 못 낸다고 해도 마음이 아프지 않은 것은 아니었어요. 3년 동안 정말 자식처럼 키운 채널이었어요. 돈을 못 벌어도 좋으니 그저 존재라도 남아 있길 원했어요. 영상 하나하나 추억이 서려 있지 않는 것이 없었고, 남들이 봤을 때는 유치해 보일지 몰라도 나름대로 많은 고민과 계산 끝에 만든 영상이었어요.

스팸, 현혹 행위, 홍등을 야기하는 콘텐츠 또는 기타 서비스 약관 위반 등으로 **YouTube**의 정책을 여러 번 또는 심각하게 위반하여 계정이 해지되었습니다.

계정 해지 화면

오랫동안 노력해 키워왔던 200만 구독자의 채널이 한순간에 사라지고 말았어요. 이런 사례는 유튜브 업계에서 심심치 않게 생기는 일이기도 해요.

유튜버's Talk ·········

'유튜브에서 서버 비용이 아까워
그랬을까?', '아무리 돈이 안 되는
채널이라지만 갑자기 없애버리다
니 너무하다!'라는 생각이 들었어
요.

·························

'식물인간이어도 좋으니 살아만 있어라.'고 생각했던
채널이 아무리 들어가봐도 흔적조차 찾을 수 없게 되자
그야말로 멘붕이왔어요. 항상 유튜브의 소중한 파트너
라고 말해 놓고, 이렇게 예고도 없이 독단적으로 채널을
없애는 것에 분노와 실망을 느꼈어요.

저에게 좋은 기회를 준 유튜브를 비난할 생각은 없지만, 사
실 유튜브는 크리에이터에게 정말 불친절했어요. 어떤 정책을
시행할 때 한 마디의 상의나 예고도 없이 바로 실행했고, 아무
대비도 하지 못한 채 피해는 항상 파트너들의 보는 구조였지
요. 어쩔 수 없었어요. 유튜브는 슈퍼갑이니까요! 아직 유튜브
를 대체할 수 있는 플랫폼은 없어요. 절이 싫으면 중이 떠나는
것은 당연한 이치지요.

저는 유튜브에 즉각 메일을 보내 항의했어요. 그동안 경고를
받은 영상도 없었거니와 이후에는 새로운 영상 자체를 업로드
하지 않았기 때문에 문제될 것이 없었어요. 차라리 어떤 잘못
이라도 했으면 덜 억울했을 거예요. 다음 날 유튜브 측에서 메
일을 받았어요. "우리는 커뮤니티 가이드 및 서비스 약관에 따
라 귀하의 계정을 정지하기로 결정했어요."라는 내용이었어요.
달걀로 바위치기였어요. 어찌해 볼 도리가 없었죠.

그리고 며칠 후 계정이 해지됐던 토이위자드 채널이 다시 돌
아왔어요. 그것도 사라지기 전과 똑같은 모습으로…. 유튜브의

이런 알 수 없는 결정을 어떻게 이해해야 할지 아직도 잘 모르겠어요. 왜 삭제됐는지, 왜 복원해줬는지 어떠한 설명조차 들을 수 없었어요. 유튜브의 이러한 조치가 또 언제까지 지속될지 알 수 없는 일이고, 이에 대비해 제가 할 수 있는 일은 없습니다. 안타깝지만 여러분이 운영하게 될 또는 운영하고 있는 채널도 안심할 순 없어요. 항상 유튜브가 추구하는 콘텐츠의 방향을 따라가도록 노력하고 유튜브의 정책 변화가 언제 일어날지 모른다는 생각을 하면서 위험에 대비하셨으면 합니다.

해킹을 조심하세요!

유튜브의 공식 메일을 사칭해 계정을 해킹하는 사례가 종종 있어요. 위의 사진과 같이 2차 인증의 계정 보안 강화를 요청하며 비밀번호를 알아내거나 피싱 문자처럼 링크에 접속하라고 하거나 클릭을 유도하는 경우도 있어요.

해킹 메일

해킹을 당하게 되면 해커가 자신의 계정 동영상을 전부 삭제하거나 채널에 이상한 영상을 올리기도 합니다.

유튜브 크리에이터 지원팀에 문의하면 해킹 당한 채널의 경우 복구해주긴 하지만 시간이 오래 걸리는 편이고 기간 동안 유튜브를 운영하지 못하는 데서 오는 금전적인 손해뿐 아니라 정신적 스트레스, 의욕 상실 등의 부작용이 초래되죠. 따라서 보안을 철저히 관리하고, 조금이라도 의심스러운 메일의 링크는 접속하지 않는 것이 현명하겠죠?

끝나지 않은 내일 (Tomorrow)과 내 일(Job)

어쩌다보니 3년 정도의 시간을 유튜버로 살아왔어요. 저는 얼굴이 알려진 유튜버가 아니었기 때문에 평소의 삶으로 돌아오기가 한결 수월했어요. 스스로도 살짝 느슨해진 소비 패턴을 바꾸고, 그 전이었으면 직원들에게 시킬 일을 혼자 처리하면서 사장에서 프리랜서 마인드로 돌아오게 됐어요.

 유튜버's Talk ········

이럴 줄 알고(?) 한창 잘 나갈 때도 주변 사람에게 자랑을 많이 하진 않았는데, 그 덕분인지 주변 사람도 별 스스럼없이 제 상황을 편하게 받아줬어요.

·························

저는 그동안 실현되지 못한 '수익'보다는 그간의 시간이 의미없어진 것 같은 느낌에 힘들어 했어요. 하지만 이것도 시간이 지나고 보니, 이 3년이라는 짧은 시간 동안 스스로 엄청난 내적 성장을 이뤘다는 생각이 듭니다. 생전 처음 만들어본 '성공'이라는 경험…. 이를 위해 저는 시간과 노력이라는 비용을 지불했어요. 그리고 지금의 결과가 어찌 됐든 이때 쌓은 노하우나 경험은 온전히 저의 것이 됐어요. 누구도 뺏을 수 없는 소중한 것이지요.

지난날의 경험은 마치 계단과 같다는 생각이 듭니다. 처음 제가 유튜브를 시작할 때만 해도 제 인생에는 어떤 답도 보이지 않았어요. 주변에 기회는 많았지만, 그것을 기회로 인지조차 못하고 있었으니까요. 하지만 유튜브로 자리잡아가면서 새로운 계단에 올라가니 유튜브로 할 수 있는 아이디어가 보이기 시작했어요. 그리고 직원을 고용해 사업 전반을 운영해보면서 경영학 서적에서만 보던 인사, 재무, 마케팅 등에 나름의 노하루를 쌓을 수 있게 됐죠. 이렇게 다음 계단, 그 다음 계단을 올라가다보니 아직 부족하긴 하지만 여전히 도전해볼 만한 많은 기회가 주변에 있다는 것이 보입니다.

달라진 점

비록 유튜브 채널을 그만뒀지만, 이제 서른 초반인 내 인생, 내 일이 끝났다고 생각하지 않아요. 그동안 콘텐츠를 제작해왔던 경험을 살려 앞으로도 계속 콘텐츠를 만들어내는 일을 하고 싶어요. 앞으로 유튜버가 될지, 작가가 될지, 기획자가 될지 알 수 없지만, 그 이름이 무엇인지도 중요하지 않다고 생각합니다.

이전보다 높은 경제적 보상과 화려한 성공에만 초점을 맞춘다면 저는 아마도 실패가 두려워 아무것도 시작할 수 없을 것입니다. 물론 이 과정에서 저의 노력이 경제적 보상으로 돌아오도록 노력은 하겠지만, 이것이 전부는 아니라고 생각합니다. 가장 중요한 것은 제가 주변의 자원을 창의적으로 활용해서 0에서 1을 만드는 일을 하는 것입니다. 이 과정에서 내적으로는 배우고 성장하며, 외적으로는 많은 사람에게 긍정적인 영향을 미칠 수 있었으면 합니다.

터닝포인트

앞서 유튜브에 대한 원망을 적었지만, 사실 유튜브는 저에게 한 번의 특별한 인생의 터닝포인트를 만들어준 고마운 존재입니다(인생 한 방의 역전극까진 만들어주진 못했지만). 많은 독자 여러분이 20대의 저처럼 답답한 현실 속에서 돌파구를 찾는 과정에서 이 책을 펼쳐봤을 거라 생각합니다. 유튜브 또는 다른 도전을 통해서라도 여러분 역시 소중한 인생의 터닝포인트를 만났으면 좋겠어요.

저는 이 책에 토이위자드라는 채널이 어떻게 시작되고 사라졌는지까지 최대한 솔직하게 담아보려고 노력했어요. 여러분이 유튜브 채널의 잘 나갈 때 모습만을 보길 원치 않았으니까요. 인간의 삶과 마찬가지로 유튜브 채널도 태어나고, 성장하고, 병들고, 어느 순간 수명이 다하고 맙니다. 그리고 그 수명이라는 것도 생각보다 너무나 짧죠. 토이위자드와 마지막을 함께 해주신 여러분께 감사드립니다.

한 가지 덧붙이자면, 저의 경험은 특수한 상황에서 일어난 것이므로 이를 정답이라 여기지 않길 바랍니다. '아, 이 사람은 이 상황에서 이렇게 했구나.', '이렇게 생각했구나.'라 생각하고 하나의 힌트로 생각해주셨으면 좋겠어요. 여러분은 저희 시행착오를 딛고 더 좋은 답을 찾으실 수 있을 테니까요. 여러분이 유튜브를 하면서 또는 새로운 분야에 도전하면서 자신의 방식에 맞게 현명하게 취사선택하셨으면 합니다. 여러분이 여러분 방식대로 행복해질 수 있길! 그 과정에서 제 경험이 미약하게나마 도움이 될 수 있다면 더없이 기쁠 것입니다.

**유튜브로 인생 한 방의 역전이 아니라
인생 단 한 번의 특별한 경험을 꿈꾸세요!**

유튜브
크리에이터를 위한
전문가의 조언

"한방에 제목으로 낚아야 합니다.
제목으로 관심을 끌지 못하면 애써 만든
콘텐츠를 보여줄 기회마저 잃게 되는
것이죠."

신익수(매일경제 기자)

Q ｜ 본인 소개를 해주세요.

A ｜ 매일경제에서 전문기자 생활만 10년, 네이버 여행＋주제판 콘텐츠 팀장 생활을 3년째 하고 있어요. 네이버 여행＋를 3년간 운영하면서 7억 회의 클릭을 이끌어냈죠. 그동안 온라인 플랫폼에서 쌓아온 제목 뽑기, 글쓰기 노하우를 《100만 클릭을 부르는 글 쓰기》라는 책으로 엮어내기도 했어요.

Q ｜ 직접 느낀 '제목'의 중요성을 다시 한번 강조해 주신다면?

A ｜ 한방에 제목으로 낚아야 합니다. 제목으로 관심을 끌지 못하면 애써 만든 콘텐츠를 보여줄 기회마저 잃게 되는 것이죠. 그렇기 때문에 무조건 제목 도사가 돼야 합니다. 특히 유튜브의 경우 관심 주제별로 많게는 수십, 수백 개의 영상이 올라옵니다. 그중에서 선택받는 것은 고작 한두 개의 영상이죠. '제목이 전부'라고 하는 게 괜한 말은 아닙니다.

Q | 본인만의 제목을 쓰는 형식이 따로 있다고요?

A | 저는 폭발적인 반응이 나오는 콘텐츠의 제목에는 STS 법칙이 있다고 생각합니다. STS는 Simple(간결하게 만들기), Teasing(간지럽히기, 다 보여주지 않기), Short(짧게 쓰기)의 줄임말입니다.

Q | Simple에도 노하우가 있을까요?

A | Simple은 제가 가장 중요하게 생각하는 것입니다. 제목이든 글이든 간결하게 해야 눈길이 가죠. 짤막한데 핵심이 담긴 것, 바로 그 콘텐츠를 보게 돼 있어요. 이때 반드시 명심해야 할 것은 '핵심 키워드'입니다. 버려야 할 것은 '쓸 데 없는 조사'와 '설명적 서술어'죠.

Q | Teasing은 어떻게 할 수 있을까요?

A | 일반적인 글쓰기 책들은 1계명으로 본문의 핵심을 끄집어내라고 강조합니다. 저는 온라인의 경우 이와 정반대로 가야 한다고 생각합니다. 절대 다 보여주지 말고, 애를 태워야 하는 거죠. 대표적인 간지럽히기 제목이 바로 '랭킹 콘텐츠'입니다.

예를 들어, '승무원이 뽑은 기대 진상 TOP 7! 1위는 앞좌석 발로 차기'라는 제목이 있다면, 가장 중요한 1위가 드러나 있죠? 독자들은 이것만 읽고 가버립니다. 핵심인 1위를 봤으니, 그 뒤는 확인하지 않는 거죠. 차라리 제목을 '승무원이 뽑은 기대 진상 TOP 7! 1위는?'으로 정하면? 아마 많은 분이 클릭하셨을 겁니다.

Q | Short는 얼마나 짧게 쓰는 게 좋을까요?

A | 제목은 절대로 길면 안 됩니다. 신문 글에서는 최대 12자를 넘지 않아야 한다고 강조하고 있어요. 한눈에 읽히는 글자 수가 8~12자이기 때문이죠. 온라인 공간도 마찬가지입니다. 저는 최대 15자 안팎이 좋다고 생각합니다. 가능한 한 명사형으로 만들면 간결한 제목을 뽑는 데 도움이 되죠. 예를 들어볼게요.

한국인 체형 서구형으로 갈수록 얼굴 작아지고 키 커져. → 롱다리, 작은 얼굴...한국인 체형 서구화

어때요? 명사형으로 바꾸니 제목이 훨씬 간결하죠?

Q | 최대 15자인 제목을 적을 때도 주의해야 할 것이 있을까요?

A | 저는 클릭을 부르는 제목에는 7:7의 황금비율이 숨어 있다고 생각합니다. 지난 3년간 3만 개 이상의 콘텐츠에 일일이 제목을 달다 보니, 잘 먹히는 제목에서는 리듬이 느껴졌어요.

판매량만 3억 개 / 많이 팔리는 상품 7 → 전 세계에서 단 3명! / 빨간 여권의 정체는?

7: 7로 딱 맞아떨어지는 것은 아니지만, 이 라임을 맞추면 제목이 훨씬 눈에 잘 들어오는 것 같아요.

Q | 제목에서 절대 쓰면 안 되는 것, 피해야 할 것이 있을까요?

A | 상업적인 문구나 단어는 자제하는 게 좋다고 생각해요. 반감을 불러일으키니까요. 맛집, 병원, 성인, 학원 이런 단어들이 대표적인 예라 할 수 있어요.

"개별 이용자의 반응을 '낱'으로 보지 말고
이용자라는 전체 그룹의 반응을
'통'으로 보려고 노력해야 합니다."

김대영(KBS 디지털뉴스기획부장)

Q ㅣ **본인 소개를 해주세요.**

A ㅣ 현재 KBS 디지털뉴스기획부장을 맡고 있는 김대영이라고 합니다. 제 후배 기자들은 저를 '악마팀장'이라 부르죠. 2015년부터 디지털 뉴스 전략유통팀으로 옮겨 활동하면서 〈크랩〉이라는 유튜브 채널을 운영했어요. 이후 시사제작팀장으로 옮겨 〈저널리즘토크쇼 J〉를 런칭했어요. 다시 2020 총선을 준비하면서 선거 방송의 일환으로 최원정 아나운서, 유시민 작가, 전원책 변호사와 〈정치합시다〉라는 시사 토크쇼를 진

행했어요. 돌이켜보니 2015년 이후 유튜브 플랫폼을 적극적으로 이용한 콘텐츠를 계속 만들어왔네요.

Q ㅣ **방송국에서 많은 예산을 들여 유튜브 콘텐츠 제작에 투자하는 이유는 무엇이라고 생각하나요?**

A ㅣ 요즘 젊은층은 TV를 잘 보지 않아요. 집에 TV가 없는 경우도 많고 설사 있더라도 TV로 콘텐츠를 소비하지 않아요. 그러다보니 프로그램 시청률도 잘 나오지 않고, 화제를 만들어내기도 어려워요. 화제를 만들

어내기 위해 유튜브로 TV용 콘텐츠를 재유통하거나 영상 클립을 만들어 뿌리기도 합니다. 〈저널리즘 토크쇼 J〉는 오리지널 스핀 오프로 '십말이초' 콘텐츠를 제작하고 있어요. 이 역시 도달을 넓히고 화제를 만들기 위해서입니다.

또 다른 경우는 수익화입니다. KBS의 '구라철'이나 '크큭TV'를 예로 들 수 있어요. 지상파의 경우 TV 광고 수익이 가파르게 하락하고 있기 때문에 디지털 플랫폼 수익이 절실한 상황입니다. 하지만 투자 대비 수익이 높지 않다는 문제가 있어요.

Q | 현재 많은 방송사에서 자체 유튜브 콘텐츠를 제작하고 있어요. 좋은 성적을 내는 프로그램도 있지만, 그렇지 않은 채널도 많죠. 이렇듯 방송가 프로들이 유튜브에서 좋은 성적을 내기 힘든 이유는 무엇이라고 생각하나요?

A | 방송 제작자들은 많은 자원을 투입해 고품질 영상 콘텐츠를 만드는 전문가들입니다. 최소 비용으로 최대의 효율을 뽑아내는 유튜브 영상과는 접근 방식이나 제작 방식이 매우 다릅니다. 또한 많은 규제를 받고 있는 방송 콘텐츠의 특성상 여러 가지 '자기 검열'이 작동하기도 합니다. 자유롭게 만드는 유튜브 영상에 비해 고루하고 딱딱할 수 있어요.

Q | 방송사 안에서 (일반인들에 비해) 유튜브를 운영하기 힘든 점은? 딜레마가 있다면 무엇인가요?

A | 기존의 제작 시스템과 예산 구조로는 유튜브 콘텐츠를 위한 별도의 리소스와 예산을 배정하기 어렵고, 배정받더라도 투자 대비 수익이나 효과가 크지 않다는 게 가장 큰 문제입니다.

Q | 직접 유튜브 채널을 운영하며 겪은 시행착오를 하나 소개해주세요. 그 경험으로 깨달은 게 있다면?

A | 유튜브를 이용해 화제를 만들고 이용자 관여를 높이는 데는 어느 정도 성공한 경험이 있어요. 하지만 수익이라는 측면만 따져본다면 투자액의 10%도 올리지 못했어요. 〈정치합시다〉의 경우 충분히 수익을 낼 수 있을 것이라 예상했지만, 실제로 운영해보니 투자액의 20%도 내지 못했어요. 앞으로 유튜브 콘텐츠를 제작할 때 어떻게 수익을 낼 것인지가 가장 큰 고민입니다.

Q | 방송사 유튜브 콘텐츠, 이렇게 하면 된다! 본인의 노하우를 공개한다면?

A | 이용자 반응에 민감해져야 합니다. 개별 이용자의 반응을 '낱'으로 보지 말고 이용자라는 전체 그룹의 반응을 '통'으로 보려고 노력해야 합니다. 이용자들은 제작자들이 그들의 요구에 어떻게 대응하는지 잘 알고 있습니다. 제작자 스스로 기준을 세워 '이용자 지상주의'를 실천해야 성공할 수 있다고 생각합니다.

"긴 시간이 지나도 지속적으로
콘텐츠가 소비될 수 있는 전문화되고
정제된 내용의 영상을 만들기 위한
노력이 필요해요."

이새롬(경북대학교 경영학부 교수)

Q | 본인소개를 해주세요.

A | 경북대학교 경영학부에서 조교수로 재직하고 있는 이새롬입니다. 저는 소셜미디어에서 '온라인 구전의 확산'과 지식을 자발적으로 제공하는 활동인 '개방적 협업 분야'를 연구하고 있습니다. 최근에는 소셜미디어상에서의 구전, 콘텐츠 제작과 관련된 주제로 '유튜브에서의 모방은 어떻게 다른가?'라는 글을 『인터넷 생태계 진단』이라는 책에 기고하기도 했습니다.

Q | 그동안 웹을 기반으로 한 수많은 플랫폼이 있었습니다. 트위터, 페이스북과 같은 소셜미디어, 지식을 공유하는 위키피디아 등을 들 수 있는데요. 이와 구별되는 유튜브 플랫폼만의 특징은 무엇이라 생각하시나요?

A | 페이스북이나 인스타그램 같은 소셜미디어는 사람들의 삶에 자연스럽게 들어왔고 도입 당시에는 이러한 소셜미디어로 인간관계, 글쓰기, 자기 표현 방식에 큰 변화가 있었습니다. 하지만 유튜브는 정보를 전달하고 받아들이는 매체가 기존의 소셜미디어와는 다

르다는 점에 차이가 있습니다.

글은 정보를 처리하기 위해 집중력과 기억력이 필요하지만, 동영상은 말하고자 하는 바를 직관적으로 전달할 수 있습니다. 동영상을 통해 정보 전달을 받는 데 익숙해진 젊은 층에서는 글을 활용해 정보를 전달하는 것이 어색하게 느껴질 정도입니다.

이러한 변화에 중요한 역할을 한 플랫폼이 유튜브라 할 수 있습니다. 유튜브가 동영상을 지속적으로 플레이하기에 적합한 추천 알고리즘과 UI를 제공한다는 점, 중점적으로 다루고 있는 콘텐츠가 동영상이라는 점, 타 동영상 서비스가 시장에 진입하기 이전되기 전에 구글에 인수되면서 검색되기 좋은 환경과 수많은 동영상들을 확보해 경쟁자들에게 시장을 빼앗기지 않았다는 점이 현재 유튜브의 아성을 지킬 수 있는 가장 발판을 마련하는 데 영향을 미쳤습니다.

Q ㅣ 유튜브라는 플랫폼이 생긴 것은 꽤 오래전 일이지만 소위 '유튜브 열풍'은 비교적 최근의 일이라 할 수 있는데요. 이렇게 갑자기 인기를 끌게 된 것에는 어떤 요인이 있을까요?

A ㅣ 유튜브 서비스는 15년 전인 2005년경에 시작됐습니다. 이후 1년 조금 넘는 기간 동안 사용자가 폭발적으로 늘어나면서 2006년 10월경에 구글에 인수됐습니다. 구글은 좋은 검색 기술을 보유하고 있었기 때문에 유튜브 동영상이 사람들에게 쉽게 노출된다는 장점을 확보할 수 있는 좋은 기회였습니다. 이후 유튜브가 많은 가능성을 지니게 된 것은 스마트폰 사용이 본격화되면서였습니다. 동영상은 스마트폰을 통해 누구나 찍을 수 있는 매체가 됐고 이와 동시에 통신망이나 데이터 전달 속도가 빨라지는 기술의 발전이 맞물리면서 동영상을 쉽게 플레이하고 업로드할 수 있는 환경이 조성됩니다. 또한 유튜브에 콘텐츠를 올리는 것도 보는 것도 쉬워지면서 사용자가 몰리자 기존 광고 수익이 점차 자신의 생계를 유지할 만큼의 수익을 창출해주는 창구가 됩니다. 블로그 등을 운영해도 광고 수익이 나긴 하지만, '블로거'가 전업이 되기 힘든 이유는 사용자가 많지 않기 때문입니다.

유튜브의 사용자 증가는 사람들이 유튜버를 하나의 직업이라 인식하는 데 큰 역할을 했습니다. 이후 유튜브는 지속적 수익 창출을 위해서는 추천 알고리즘을 통해 자주 추천돼야 하고 동영상을 좀 더 정기적으로 올리고 양질의 영상으로 계속 구독자를 확보해야 한다는 선순환 과정을 통해 많은 동영상을 확보하게 됩니다. 궁금하거나 원하는 내용이 동영상으로 만들어져 있다는 것은 사용자들이 쉽게 다른 동영상 플랫폼으로 옮겨가지 못하도록 하는 데 결정적인 역할을 했습니다.

Q ㅣ 유튜버 간의 경쟁이 치열해지고 영상이 많아지면서 시청자들에게 자신의 영상이 노출하려면 '알고리즘'에 신경 쓸 수밖에 없는데요. 알고리즘에 대해 한마디 해주신다면?

A ㅣ 유튜브를 시청하다 보면 추천되는 다른 영상을 계속 보게 돼 시간이 훌쩍 지나가는 경험을 한 번쯤 해

보셨을 거라 생각합니다. 유튜브의 수많은 동영상 중 사람들이 플레이 버튼을 누르는 동영상은 직접 검색해 찾은 동영상과 추천받은 영상으로 나뉩니다. 이때 추천되는 영상은 다양한 요소를 고려한 추천 알고리즘을 기반으로 선택됩니다. 알고리즘은 기본적으로 사용자가 직접 찾지 않아도 구독자의 선호도와 유사한 선호도를 가진 다른 구독자가 봤던 영상을 추천해줌으로써 영상을 볼 가능성을 높여주는 역할을 합니다.

예를 들어, 먹방 중에 한식을 많이 보는 구독자가 좋아하는 채널 A와 B가 있는데, 최근 유튜브 구독을 시작한 새로운 구독자가 채널 A의 영상을 봤다면 유튜브 알고리즘은 해당 구독자에게 채널 B의 영상도 추천해줍니다. 영상을 끝까지 봤는지, 몇 번이나 봤는지, 만들어진 후 얼마나 빠르게 봤는지, 이미 본 영상과 태그가 얼마나 비슷한지 등과 같은 다양한 요소가 알고리즘의 고려 대상이라는 것은 알고 있지만 어떤 비율로 계산되는지, 어떤 요인들이 더 고려되는지 알려진 바가 없기 때문에 유튜버들은 감각적으로 구독이 많이 되는 영상을 만들기 위한 노하우를 쌓고 있습니다. 한 가지 확실한 것은 제목, 태그, 콘텐츠를 얼마나 자주 업로드하는지, 유명한 콘텐츠와 얼마나 유사성을 갖고 있는지, 구독자가 얼마인지 등을 고려해야 한다는 것입니다. 유튜버들이 알고리즘에 추천되는 영상을 만들기 위해서는 콘텐츠를 지속적으로 개발하고 태그나 제목 등도 연구해야 합니다. 최근에는 추천되기 쉬운 영상을 만들기 위해 조회 수가 높은 영상을 실시간으로 분석하는 팀이 만들어지기도 했습니다.

Q | 경쟁 채널의 인기 있는 주제를 잡아 콘텐츠를 만드는 행위가 윤리적으로 느껴지진 않는데요. 이런 콘텐츠들의 '모방' 또는 '재창조'를 어떤 시각으로 바라봐야 할까요?

A | 기존 콘텐츠 분야를 살펴보면 창조물에 대한 지적 재산권이나 고유의 창작성에 큰 가치를 부여하고 있다는 것을 알 수 있습니다. 하지만 고흐의 그림체와 구도를 따라 그리는 추종자가 있었던 것처럼 과거에도 창작물은 지속적인 모방을 통해 발전해왔습니다. 유튜브는 이러한 경향이 더욱 두드러집니다.

콘텐츠가 사람들의 시선을 끌면 곧바로 이와 비슷한 콘텐츠가 제작됩니다. 유튜버들이 유사한 영상을 만드는 이유는 조회수를 높이기 위한 것입니다.

콘텐츠가 모방을 통해 재창조되고 하나의 문화를 형성하는 것이 부정적인 측면만 있는 것은 아닙니다. 물론 아이들을 동원해 억지로 유명 콘텐츠를 따라 하는 채널이나 무리하게 먹방을 찍어 건강이 위험해질 정도의 콘텐츠들은 비판을 받고 있지만, 모방과 재창조로 하나의 흐름이 형성하고 문화로 정책되는 것을 자연스러운 흐름으로 보기도 합니다.

대중매체는 어떠한 내용이 대중에게 노출되고 얼마나 많이, 오랫동안 노출될 것인지 등 철저한 계획 속에서 정해지지만, 유튜브는 전 세계 사람이 각기 다른 주제와 시간, 방식으로 영상을 제작하기 때문에 많은 사람들이 관심을 갖고 실시간으로 이슈가 되는 주제를 정하기는 어렵습니다. 하지만 유튜브에서는 전 세계 사람들이 관심을 갖고 있는 주제를 유기적으로 찾습니다. 콘텐츠를 제작하는 이유는 시청률을 기반으로 한 광고 수익이지만, 결과적으로 창조된 콘텐츠들은 한 시대와 특정 세대, 특정 문화를 대표할 수 있는 강력한 매체로 자리잡게 되고 최근에는 언론, 정부, 기업 등이 자신들의 목소리를 내는 도구로도 사용되고 있습니다.

Q ┃ 구체적인 사례를 들어주신다면?

A ┃ 먹방은 영국의 사전에 한국어 발음 그대로 'Muk-bang'이라 불릴 정도로 하나의 카테고리를 형성하고 있습니다. 먹방을 보다 보면 최근 높은 조회수를 기록한 음식들이 채널을 점령하는 것을 볼 수 있습니다. 예를 들어 새우 10마리보다 100마리를 먹는 것이 인기가 많다면, 너도 나도 새우 100마리를 먹으면서 찍어먹는 소스나 조리하는 방식 등을 조금씩 변형해 콘텐츠를 형성합니다. 그러다가 블랙타이거 새우가 사람들의 관심을 끄는 것 같으면 먹방 채널에서는 금세 블랙타이거 새우를 요리하고 먹는 방식을 보여줍니다. 먹방을 통해 인기를 끈 음식이 국내나 해외에서 유행하기도 합니다. 많은 돈을 들여 해외 광고를 하고 물건을 유치하려고 했던 기업들의 산발적인 노력보다 먹방 채널이 만들어내는 하나의 흐름이 훨씬 더 강력한 흐름을 만드는 것입니다.

유튜브에서 만들어지는 유행의 힘은 특정 기업이 의도적으로 수행하는 것과는 차원이 다른 영향력을 갖고 있습니다. 제조업의 경우, 한 기업이 제품을 만들고 그 제품과 유사한 제품을 만드는 데는 연구, 생산, 시장 반응을 확인하기 위한 시제품 출시 기간 등 오랜 시간이 걸리고 비용도 많이 들어갑니다. 하지만 유튜브를 통해 고객들이 제시하는 제품에 대한 피드백, 변형, 변형된 제품에 대한 고객의 새로운 피드백 등은 이 과정을 완전히 뒤바꿔 놓았습니다.

2017년부터 꾸준히 인기를 끌고 실제 제품에도 영향을 미쳤던 먹방 아이템 중 하나가 '불닭볶음면'입니다. 먹방을 찍는 사람들이 대부분 한 번씩 거쳐가는데, 단순히 양이나 맵기 조절만으로는 시청자가 늘지 않기 때문에 다양한 음식을 섞으면서 불닭볶음면이 변신하게 됩니다. 기업에서는 소비자들이 자발적으로 만들어내는 유행과 흐름을 놓치지 않고 더 매운 소스, 치즈가 추가된 버전, 까르보나라 맛이 들어간 버전 등 다양한 불닭볶음면 베이스의 아류 제품을 만들어냈습니다.

이처럼 유튜브의 콘텐츠는 기본적으로 누구나 제작할 수 있고 전 세계 사람에게 영향을 미칠 수 있기 때문에 기업이 철저하게 모니터링하고 기업의 전략에 반영해야 하는 중요한 매체로 자리잡게 됐습니다.

Q ┃ 이제는 단순히 유튜브를 동영상 플랫폼으로만 보긴 어려울 것 같은데요. 앞으로 지속 가능한 플랫폼이 되기 위해서는 어떤 방향으로 나아가야 할까요? 동영상 제작자와 구독자에게 각각 한 말씀해주신다면?

A ┃ 유튜브의 지속 가능성에 가장 큰 역할을 하는 것은 '지속적인 영상 업로드'와 '구독'입니다. 업로드하는 사람들이 많아도 구독자가 없다면 플랫폼이 유지

되지 않고 구독자가 많고 영상이 업로드되지 않아도 플랫폼을 유지하기 어렵습니다. 구독자를 계속 유지하려면 구독자가 좋아할 만한 영상을 계속 업로드해야 할 뿐 아니라 이슈가 되는 내용의 흐름을 계속 모니터링해야 합니다.

인기가 많은 영상을 모방하면 조회수를 일시적으로 높일 순 있겠지만, 결국 거짓 내용이 포함돼 있거나 타 동영상과의 차별점을 갖지 못하면 구독자들이 떠나는 요인이 될 수도 있습니다. 따라서 제작자에게는 긴 시간이 지나도 지속적으로 콘텐츠가 소비될 수 있는 전문화되고 정제된 내용의 영상을 만들기 위한 노력이 필요합니다. 구독자의 경우에는 특정한 콘텐츠에 한정돼 추천을 받지 않도록 다양한 분야의 콘텐츠를 지속적으로 구독하는 것이 플랫폼 사용의 효용을 높일 수 있는 방법입니다. 예를 들어, 유튜브로 크리스마스 캐롤만 들었던 구독자라면 대부분 크리스마스 캐롤이 추천될 것입니다. 이후 관심사가 바뀌거나 다른 영상에 관심을 갖더라도 취향에 맞는 영상이 추천되기 위해서는 직접 채널을 찾아 구독해야 하기 때문에 이러한 노력들을 줄이기 위해서는 평소 영상이나 채널을 다양하게 구독이나 시청을 해두는 것이 다양한 영상을 추천받는 데 도움이 됩니다.

Q | 유튜브라는 플랫폼은 언제까지 갈 것이라고 예상하십니까? 유튜브, 그 이후를 전망한다면?

A | 유튜브라는 플랫폼 자체는 동영상을 재생하는 방식이나 올라오는 콘텐츠에 따라 세대가 분화될 가능성이 있습니다. 대학생들의 전유물로 시작됐던 페이스북에 부모 세대가 진입하면서 젊은 세대들이 와츠앱이나 인스타그램으로 이동했던 것처럼 새로운 세대가 새로운 플랫폼에서 새로운 동영상 또는 다른 매체들을 공유하는 플랫폼으로 이동할 수 있는 가능성이 있습니다. 유튜브가 실시간성의 새로운 콘텐츠에 욕심을 내지 않는다면 위키피디아나 지식인이 지식 창고가 되어 지속적으로 사용되는 것처럼 새로운 콘텐츠가 업로드되는 속도가 다소 느려지더라도 추천 알고리즘으로 과거의 영상들을 잘 활용하는 방안 등을 통해 플랫폼을 계속 유지할 수 있습니다.

전반적으로 지식을 전달하는 방식이 동영상으로 바뀌고는 있지만, 전체 영상보다는 원하는 부분만 발췌해 보려는 경향이 점차 강해지고 있기 때문에 광고가 많이 들어간 긴 영상뿐 아니라 핵심만 잘 정리한 짧은 영상에 대한 전략적 활용이 필요합니다. 또한 댓글을 통해 영상이 담지 못한 내용들을 구독자들이 추가로 제시해 하나의 새로운 콘텐츠가 탄생하는 분야에서는 중요 댓글들이 영상을 뒷받침해 구독자와 영상 게시자 간의 인터렉션이 잘 발생할 수 있도록 플랫폼 디자인을 지속적으로 변경하는 것도 좋은 전략이라 할 수 있습니다.

"채널의 아이덴티티와 타깃층을
명확하게 정의하고 팬들과
적극적으로 소통하는 것이
중요해요."

박가현(브랜드 커뮤니케이션, 콘텐츠 디렉터)

Q | 본인 소개를 해주세요.

A | 브랜드 커뮤니케이터이자 콘텐츠 디렉터, 박가현입니다. 브랜드가 전하고 싶은 이야기를 어떻게 하면 사람들에게 잘 전달할 수 있을까 고민하는 일을 하고 있습니다. 지금까지 약 10년간 마케팅 회사, 방송국, 홍보 대행사를 두루 거치면서 브랜드 사이트 운영, SNS(페이스북, 인스타그램, 블로그, 유튜브 등) 콘텐츠 제작 및 운영, 커뮤니케이션 컨설팅, 인플루언서 마케팅 등 다양한 프로젝트를 진행했습니다.

Q | 일하면서 가장 기억에 남는 프로젝트가 있다면?

A | 한국 코카콜라의 홍보 대행 파트너로 일했던 2019년 여름, 박준형 씨와 진행했던 영상 프로젝트가 기억에 남아요. 박준형 씨가 와썹맨에서 코카콜라 마니아로 사람들에게 각인됐잖아요. 코카콜라에 대해 애정을 갖고 이야기할 수 있는 사람으로 박준형 씨 만한 사람이 없었어요. 그래서 미국 애틀랜타 코카콜라 본사와 박물관 투어 영상 2편을 함께 찍었는데 반응이 정말 폭발적이었어요. '최고의 영상이었다', '홍보

영상인데 이렇게 재밌다니', '18분 순삭 영상이다' 등 긍정적인 댓글들이 많아서 정말 뿌듯했던 프로젝트 중 하나입니다. 동료들과 정말 재미있게 작업하기도 했고요.

Q │ 기업들이 유튜버와 같은 인플루언서 마케팅에 힘을 쏟고 있는 이유는?

A │ 언제부턴가 TV 예능 프로그램이나 광고에 연예인이 아닌, 인플루언서들이 눈에 띄기 시작했어요. 그만큼 인기가 많고 영향력이 크다는 이야기겠죠. 한 조사 결과에서도 소비자들이 연예인보다 인플루언서에게 더 높은 친밀도와 호감도를 느끼는 것으로 나타났어요. 심지어 현실 친구보다 더 가까운 사람으로 여기기도 하죠. 라이브 방송이나 커뮤니티 등을 통해 팬들과 실시간으로 소통하고 대화를 나누잖아요. 소비자들은 인플루언서들이 하는 행동을 따라 하고, 추천하는 제품을 신뢰하고 구매까지 하죠. 인플루언서 자체가 하나의 미디어 역할을 수행하고, 그 영향력도 크다 보니 당연히 기업들도 힘을 쏟을 수밖에요. 앞으로 이 시장은 더 성장할 거예요.

Q │ 기업들이 유튜버와 협업해 광고를 하고자 할 때, 어떤 유튜버를 선호하나요? 이와 반대로 어떤 채널을 어떤 방식으로 운영해야 광고를 받기가 수월한가요?

A │ 구독자가 많고, 채널 아이덴티티가 확실하면 가장 좋겠죠? 하지만 구독자가 적어도 채널 아이덴티티가 확실하거나 핵심 지지층이 탄탄하다면 충분한 메리트가 있어요. 그 성장 가능성을 높이 사는 기업들도 많거든요. 요즘은 구독자만 많다고 협업을 진행하지는 않아요. 브랜드 핏(Brand Fit), 즉 자신들의 이야기를 전달하기에 얼마나 적합한지, 목표 타깃층에게 얼마나 매력적으로 전달할 수 있는지를 매우 중요하게 생각해요.

또 마이크로 인플루언서(Micro Influencer)가 메가 인플루언서(Mega Influencer)보다 영향력이 크지 않더라도 마케팅 목적에 따라 비교적 저렴한 비용에 더 큰 효과를 볼 수도 있어요. 팬들과 좀 더 밀접하게, 적극적으로 소통한다는 장점도 있고요. 채널 아이덴티티와 타깃층을 명확하게 정의하고 팬들과 적극적으로 소통하는 것이 중요하다고 생각해요.

Q | 광고라는 것은 효과를 측정하기가 쉽지 않은데, 기업 측에서는 어떤 데이터로 광고의 성과를 측정하는지?

A | 오히려 디지털 마케팅은 효과 측정이 명확하죠. 기업마다 차이는 있지만 정량적, 정성적인 부분을 종합적으로 봐요. 정량적인 것은 조회 수, 시청 시간, 댓글/공유/좋아요 수, 구매 전환율 등이 될 수 있고, 정성적인 것은 댓글이나 커뮤니티 반응 등을 통해 해당 콘텐츠가 브랜드 인지도와 이미지에 어떤 영향을 미쳤는지 분석하는 거예요.

Q | 기업체와 인플루언서와의 협업은 어떤 과정을 통해 이뤄지나요?

A | 소속사가 있으면 소속사와 진행하고, 그렇지 않으면 일일이 컨택하기도 해요. 요즘은 인플루언서들을 연결해주는 플랫폼들도 생겨서 다양한 선택지가 있는 것 같아요. 컨택한 후에는 인플루언서 분들께 진행하고자 하는 프로젝트에 대해 충분하게 설명해드리고, 디테일한 사항들을 논의해요. 브랜드가 원하는 것, 인플루언서가 원하는 것을 서로 잘 충족시켜 윈윈(win-win)할 수 있는 콘텐츠를 만들어내는 것이 제가 중간에서 하는 일이죠.

Q | 인플루언서를 활용한 광고에 대한 소비자들의 실제 반응은 어떤가요?

A | 브랜드와 인플루언서의 조합이 정말 잘 어울리거나, 콘텐츠가 정말 재미있거나, 정보가 유용하거나 하면 소비자들은 광고라도 거부 반응을 일으키지 않아요. 오히려 재미있어하고, 주변 사람들과 공유하고, 추천 제품을 적극적으로 홍보하고 구매하죠. 또 요즘 소비자들은 인플루언서들이 광고를 통해 수익을 창출하고, 그것이 채널 운영의 밑바탕이 된다는 것을 잘 이해하고 있어요. 그래서 자신이 좋아하는 인플루언서의 광고 콘텐츠가 올라오면 적극적으로 소비하고, 댓글을 통해 응원 메시지도 보내시더라고요. 콘텐츠 자체가 재미있으면 오리지널 영상을 자신만의 방식으로 새롭게 재편집해서 공유하기도 하고요.

찾 아 보 기